Julian Simon
Sashtipoor-thi
Bikulturelle Betrachtungen eines stolzen Deutschen

„Der Sanskrit-Ausdruck **Sashtipoorthi** bedeutet wörtlich übersetzt: Vollendung des sechzigsten Lebensjahres. Gemeint ist damit aber viel mehr, als nur ein bestimmter Zeitpunkt im Leben oder die damit verbundene Feier. In diesem Ausdruck verbirgt sich eine ganze Philosophie: Ein Mensch im Alter von sechzig Jahren hat seine Aufgaben im Leben weitgehend erfüllt. Er darf und soll sich aus dem Korsett seiner Verpflichtungen befreien und sich losgelöst von äußeren Zwängen der Entwicklung seiner eigenen Persönlichkeit widmen. Hindus feiern diesen Tag daher häufig mit der gleichen Zeremonie, mit der auch eine Geburt begangen wird.

Mich spricht diese Philosophie sehr an, nicht nur, weil ich demnächst sechzig werde…

Ich kenne solche Korsetts, gesellschaftliche, berufliche oder auch wirtschaftliche, aus meinen eigenen Erfahrungen in zwei Kulturen. Zudem sehe ich als Arzt, dass das Gefangensein in einem wie auch immer gearteten Korsett die Ursache für unterschiedlichste Erkrankungen sein kann. Daher möchte ich aus den Erfahrungen meiner eigenen Biographie und als Arzt die Botschaft überbringen: **Trau dich, dich gegen die Zumutungen und Einengungen des Korsetts zu wehren** – mit dem notwendigen Selbstbewusstsein und dem dazugehörigen Mut. So bewahrst du deine Selbstachtung und den Respekt von deinen und für deine Mitmenschen."

Julian Simon

Sashtipoor-thi

Bikulturelle Betrachtungen eines stolzen Deutschen

biografieVERLAG
ruth damwerth

ISBN: 978-3-937772-34-9

1. Auflage November 2016
Redaktion: Ruth Damwerth

Rothenburg 37
48143 Münster
www.biografieverlag.de
Einbandgestaltung: Atelier für Gestaltung Stefanie König, Bonn
Herstellung: books on demand GmbH Norderstedt

Im Land der Kokospalmen

Hier und jetzt ist der heilige Moment des Lebens!
Das ist wichtig.
Ich bin nicht in der Lage,
immer in jedem Moment voll da zu sein,
das ist als wäre man immer frisch verliebt.
Immer geht das nicht, aber ich strebe danach,
möglichst achtsam zu sein.
Kinder können das noch von alleine.

Ich bin 1958 in Kuninji geboren. Meine Eltern hatten vorher in Valavoor gewohnt, wo mein Vater als Lehrer arbeitete. Aber als sie immer mehr Kinder bekamen, konnte er sich diesen Beruf nicht mehr leisten, denn von dem schmalen Gehalt eines Lehrers konnte man keine Familie ernähren.

Landwirtschaft hat eine große Tradition in Kerala, dem Bundesstaat, in dem Kuninji liegt. Eigentlich ist das „Land der Kokospalmen", das bedeutet der Name Kerala, ein Paradies auf Erden. Das Klima ist günstig und das Land fruchtbar, hier wächst einfach alles: Reis, Tapioca, Cashewnüsse, Kaffee, viele Gewürze und alle nur denkbaren tropischen Früchte wie Mango, Jackfrucht, Papaya, Bananen, Ananas. Zu der Zeit, als ich geboren wurde, konnten alle Bauern sich vollständig von dem Ertrag ihrer Landwirtschaft ernähren und dazu noch vor allem Kautschuk und Kokosnüsse verkaufen. Existenzsangst gab es eigentlich nicht. Die Erde gibt alles her, was man braucht.

Auch in unserer Familie hatte die Landwirtschaft Tradition, alle meine Großeltern stammen vom Land. Meine Mutter kommt aus Kadanad, das ist vielleicht zwölf Kilometer von Kuninji entfernt. Da jedoch alle Wege zu Fuß zurückgelegt werden mussten und zwischen den beiden Orten ein hoher Berg lag, habe ich als Kind gedacht, das sei sehr weit weg und wir haben die Eltern meiner Mutter nicht oft besucht. Erst später habe ich festgestellt, dass man ja nur einmal um den Berg herumfahren muss, da war ich sehr überrascht. So mobil war man früher eben nicht.

Die Landwirtschaft meiner Großeltern mütterlicherseits war groß. Die Größe eines Hofes bemisst sich dabei weniger an der Ausdehnung seiner Ländereien sondern mehr an der Zahl der dazugehörigen Kautschukbäume und Kokospalmen - und meine Großeltern besaßen viele. Sicher gehörten sie zu den vier oder fünf wohlhabendsten Familien der Gegend. So erzählte meine Mutter immer die Geschichte, dass ein Freund ihres Vaters sich einen Elefanten gekauft hatte, obwohl die beiden eigentlich geplant hatten, dieses enorm teure Tier gemeinsam zu erwerben. So kam ihr Vater auf die Idee, ein Pferd als Ausgleich zu kaufen, dabei sind Pferde in Kerala vollkommen unüblich. Meine Mutter ritt daher manchmal mit dem Pferd zur Schule. Das war was! Das war etwas ganz Besonderes.

Ihre Familie ist aber auch ein gutes Beispiel dafür, dass Wohlstand relativ ist. Denn mein Urgroßvater hatte nur einen Sohn, der alles erbte, dem ging es wirklich gut. Er bekam aber elf Kinder, meine Mutter hatte sieben Brüder und drei Schwestern, so dass von ihnen jeder nur noch wenig Land erbte oder gezwungen war, in weiter entfernten Gegenden neues Land urbar zu machen. So schwankt Reichtum auch von Generation zu Generation.

Die Familie meines Vaters lebte wenige Kilometer von Kadanad entfernt in Pendanamvayal bei Valavoor, sie betrieb ebenfalls Landwirtschaft und war gut situiert. Dafür war aber bei beiden Familien nicht nur das Einkommen, sondern auch die Herkunft ausschlaggebend. Zwar ist das Kastenwesen heute offiziell abgeschafft, aber ein über Jahrtausende eingeschliffenes Denken ändert sich ja nicht über Nacht, nicht einmal innerhalb einer Generation und so gibt es eben immer noch den gewissen Unterschied...
Die Familie meiner Mutter ist, so lange wie das Gedächtnis zurückreicht, christlich. Der Apostel Thomas ist ja über Syrien in den Süden Indiens, nach Kerala, gekommen und so ist das Christentum in Indien viel älter als in Deutschland. Zwar haben Christen sich immer aus der Kastenordnung rausgehalten, aber speziell Thomaschristen wurden als konvertierte Brahmanen angesehen und hatten einen Platz weit oben

in dieser Gesellschaftsordnung. Die Familie meines Vaters ist ebenfalls seit mindestens 900 Jahren christlich, so lange hat einer meiner Cousins, Rev. Fr. Mathew Chalil, der Generalvikar war, den Stammbaum zurückverfolgen können. Von ihnen vermutet man nicht nur, sondern weiß, dass sie vorher Brahmanen waren, also Angehörige der damals bestangesehenen Kaste. Aus dieser Zeit ist wohl auch noch das Wissen meiner Großeltern väterlicherseits über ayurvedische Medizin überliefert, die traditionell von Brahmanen ausgeübt wurde. Ich habe als Kind noch miterlebt, wie mein Opa entsprechende Heilmittel zubereitete und Menschen behandelte, z.B. mit den Füßen massierte. Meine Oma beherrschte diese Kunst auch, war aber kurz vor meiner Geburt gestorben, obwohl sie sich fest vorgenommen hatte, mich noch zu sehen. Ayurveda ist aber eher eine Kunst, Heilkunst, als ein Beruf. Gelebt hat die Familie von der Landwirtschaft. Zu dem Ansehen der Familien trug neben der Herkunft und dem vergleichbaren Wohlstand auch der Kinderreichtum bei. Mein Vater hatte zwei, meine Mutter sieben Brüder! Das verlieh einem doch eine gewisse Macht.

Meine Mutter ist offiziell 1922 geboren, so steht es zumindest in ihrem Pass, kam aber in Wirklichkeit am 8.12. 1921 zur Welt. So genau hat man das nicht genommen. Wenn ein Kind zur Schule sollte oder wenn es andere Gründe gab, hat man solche Daten eben ein bisschen manipuliert. Das tat niemandem weh, konnte aber im Einzelfall sehr nützlich sein. Wie alle indischen Christen bekam sie einen christlichen Namen, Anna, an den die indische Verniedlichungsform für Mädchen, „kutty", angehängt wurde: Annakutty. Mein Vater hieß Simon Joseph und war zwei oder drei Jahre älter als meine Mutter.

Die beiden wurden Mitte der dreißiger Jahre verlobt, als meine Mutter 13 Jahre alt war. Das war eher spät, andere Mädchen wurden häufig schon im Alter von elf oder zwölf Jahren verlobt. Meine Mutter war vorher einige Jahre zur Schule gegangen. Für die Verlobung gab es „Edakaran", Heiratsvermittler, die entsprechende Vorschläge machten, also einen passenden Partner aussuchten. Dafür wurden die beiden Herkunftsfamilien in Augenschein genommen: Wie ist der Bildungsstand, das Familienniveau, wie sind die finanziellen Möglichkeiten? Wurde ein potentieller Partner vorgeschlagen, kamen mehrere Abgesandte der Familie des eventuellen Bräutigams, um das Mädchen anzuschauen, aber auch Angehörige des Mädchens zogen los und erkundigten sich in der Nachbarschaft: Was ist das für einer, was haltet ihr von dem? So kam es zu einer Vorentscheidung. Interessant ist, dass die beiden Familien meiner Eltern sich überhaupt nicht kannten, obwohl sie nur wenige Kilometer, vielleicht sechs oder sieben Kilometer Luftlinie, das

Doppelte über die Straße, auseinander wohnten. So ortsgebunden war man damals. Nachdem die Großeltern, also damals wohl in erster Linie die Opas, sich geeinigt hatten, wurde Verlobung gefeiert. Das war der Tradition gehorchend ein riesiges Fest, zu dem häufig das ganze Dorf zusammenkam und nach dem die Braut zu der Familie ihres zukünftigen Mannes zog, um die Jahre bis zur Hochzeit dort zu leben. So war es auch bei meiner Mutter. Sie hat immer berichtet, dass sie damit keine Probleme hatte, da es einfach üblich war und alle das machten. Sie ist wohl auch sehr herzlich aufgenommen worden. Ihr einziges Problem war, dass mein Vater neben zwei Schwestern auch zwei Brüder hatte, die altersmäßig sehr dicht bei ihm lagen. Sie hat erzählt, dass ihr lange gar nicht klar war, welcher der drei denn nun ihr Ehemann werden würde, da sie bei der Verlobung viel zu aufgeregt gewesen war, um richtig hinzuschauen. Mein Vater war der mittlere der drei Brüder, aber sie hat zunächst viel mehr mit dem jüngeren Bruder gemacht, weil der altersmäßig näher an ihr dran war und auch noch Lust auf kindliche Spiele hatte.

1940, als meine Mutter achtzehn wurde, haben sie dann „richtig" geheiratet und zunächst hat mein Vater in seinem Geburtsort Valavoor als Grundschullehrer gearbeitet. Dafür war keine weitere Ausbildung nötig, es reichte, dass er selber eine weiterführende Schule beendet hatte.

1942 wurde mein ältester Bruder geboren, der aber mit drei Monaten schon verstarb. 1943 kam der nächste Sohn, Joseph, zur Welt und zwei Jahre später Mathew. Dann kommen meine vier Schwestern Leelamma, Akamma, Lucyamma und Rosamma. Rosamma ist ungefähr zwei Jahre älter als ich, alle Schwestern sind im Abstand von etwa zwei Jahren geboren. Schon als Leelamma zur Welt kam, waren meine Eltern nach Kuninji gezogen, wo sie Land besaßen, um mit der Landwirtschaft die Familie zu ernähren. Um Kinder zu ernähren, brauchte man Land.

So kommt es, dass ich 1958 als achtes und jüngstes Kind in unserem Haus in Kuninji geboren bin.

Der Ort, an dem ich zur Welt kam, fasziniert mich. Kaum vier Kilometer entfernt, in Ramapuram, lebte und arbeitete schon weit vor meiner Geburt ein besonderer Priester: Father Augustine Thevarparambil (1891-1973), genannt Kunjachan, das bedeutet kleiner Priester. Er besuchte als einer der ersten Geistlichen Angehörige der untersten Kaste, die sogenannten Unberührbaren, las ihnen die Bibel vor und setzte sich für sie ein. Er verkündete auch schon sehr früh, dass er nach seinem Tod bei ihnen begraben werden wollte. Er wollte wirklich ganz zu ihnen gehören. Sein Haus steht heute noch. Er ist mittlerweile selig gesprochen worden.

Etwa sechs Kilometer von uns entfernt, in Uzhavoor, wurde Kocheril Raman Narayanan geboren und wuchs auch dort auf. Er wurde 1997 der erste indische Präsident, der der Gruppe der Dalits, der Kastenlosen, der Unberührbaren entstammt. Die ganze Familie war dementsprechend bitterarm, seine Tante hatte oft unsere Wäsche gewaschen. Und er ist Präsident geworden! Wow!

Und auch nur höchstens 30 km Luftlinie entfernt liegt Kudamaloor, wo Anna Muttathupadathu 1910 auf die Welt kam und später als Schwester Alphonse in den Klarissenorden eintrat. Sie war die erste Inderin, die selig und heiliggesprochen wurde. Für die Seligsprechung ist Papst Johannes Paul II 1986 extra nach Kerala gekommen. Die Heiligsprechung erfolgte 2008 durch Benedikt XVI. Ich finde, ein Ort bekommt durch die Anwesenheit und das Wirken solcher Persönlichkeiten eine bestimmte Atmosphäre, eine Ausstrahlung. Ich habe mich dort immer sehr wohlgefühlt.

Unser Haus lag idyllisch inmitten von Kokospalmen und Kautschukbäumen. Es war nach und nach gewachsen, wenn mehr Platz benötigt wurde, z.B. mit wachsender Kinderzahl, wurde ein Zimmer angebaut. Ein Teil der Wände war aus Holz, das erleichterte das An- und Umbauen und sorgte auch dafür, dass es nicht so heiß im Haus wurde. Es war jedoch ziemlich pflegebedürftig, gerade in der Regenzeit, wenn das Holz ständig feucht war. Daher wird heute fast nur noch Beton verwendet.

Wenn man durch Kerala fährt, sieht jedes Haus anders aus. Man sieht wunderschöne Fassaden! Ein Haus ist schöner und prächtiger als das nächste. Man denkt, hier wohnen lauter reiche Menschen. Wenn man die Häuser dann betritt, relativiert sich dieser Eindruck: Von innen sind die Häuser eher schlicht. Dieser Kontrast von Innen und Außen kommt dadurch zustande, dass der wichtigste Aufenthaltsort draußen ist und auch der Repräsentation dient. Die überdachte Veranda vor dem Haus war unser „Wohnzimmer". Hier traf sich die ganze Familie nach dem Essen, hier wurden Besucher empfangen und es war extrem unhöflich, einem Vorbeikommenden nicht wenigstens ein Glas Wasser anzubieten. Wir haben als Kinder eigentlich nie alleine mit unseren Eltern am Tisch gesessen, irgendwelche Nachbarskinder, Verwandte oder andere Besucher waren immer dabei. Daher war die Fassade als Bestandteil des Hofes auch so wichtig und wurde aufwendig gestaltet, genauso wie der Rest des Hofes, in dem in großen Blumenbeeten Pflanzen in allen Farben leuchteten: Hibiskus in grün, blau, rot und lila, zahlreiche andere Pflanzen, wunderbar! Der Hof hatte auch sauber zu sein, er wurde jeden Tag gefegt, damit keine heruntergefallenen Blätter rumlagen. Man konnte sich vom Klima her eigentlich fast immer draußen aufhalten, aber während des Mansoon, der Regenzeit, brauchte man natürlich ein Dach über dem Kopf. In der Regenzeit kommt manchmal ein großer Schwall

Waser auf einmal runter, aber es ist trotzdem meistens warm. In Kerala liegt die Regenzeit zwischen Juni und Oktober und dann kann die Temperatur vor allem nachts schon mal sinken, sogar unter zwanzig Grad. In solch kalten Nächte bzw. vor allem an den Morgenden danach hielten wir die Fenster geschlossen und sammelten uns zum Lernen um eine Kerosinlampe, da es zunächst noch kein elektrisches Licht gab. Alle hatten wir schwarze Nasenlöcher vom Ruß, daran kann ich mich noch erinnern.

Da man sich meist draußen aufhielt, fand auch der vorbereitende Teil des Kochens draußen statt. Unser Haus hatte, wie die meisten Häuser in Kerala, zwei Küchen. Eine lag im Haus, hier wurde vor allem auf dem Gasherd gekocht. In der anderen, draußen gelegenen Küche, die zwar keine Wände, aber ein Dach hatte, wurde Gemüse geputzt und geschnitten, hier wurden alle Arbeiten erledigt, die eventuell mit Spritzern verbunden sein konnten. Dort lag auch der „Arakallu", ein großer flacher Stein, der benutzt wurde, um Kokosnüsse und alle nur denkbaren Gewürze zu mahlen: Kardamom, Gelbgewürz usw. Das duftete herrlich! Dieser Mahlstein wurde anschließend einfach mit Wasser abgespült und war wieder sauber.

Von innen war unser Haus, wie gesagt, dem Klima und dem Landleben entsprechend schlicht. Den Fußboden bildete eine Zementplatte. Wenn man in der

Stadt wohnte, konnte man sich vielleicht einen Teppich in die Wohnung legen. Wir hatten jedoch Landwirtschaft, jeder trug den Sand ins Haus und in der Regenzeit die Nässe. Da waren Teppiche alles andere als ideal. Einen Zementboden kann man einfach abfegen, was auch täglich gemacht wurde. Das Haus war spärlich möbliert. Es gab natürlich Betten für jeden, ein Holzgestell, in das aus Fasern der Kokosnuss eine Liegefläche gespannt war, auf der die „Payu“, die Matratze, lag. Das war es auch schon fast. Spielzeug besaßen wir gar nicht, wir waren immer draußen. Aus Kokosblättern wickelten wir uns einen Ball, wenn er kaputt war, machten wir einen neuen. Wir hatten Murmeln, mit denen wir im Sand spielten, oder wir spielten Fangen. Dafür wurde ein kleiner Bereich festgelegt, in dem sich alle bewegen mussten. Der Fänger musste die anderen erwischen, durfte dabei jedoch nur auf einem Bein hüpfen. Das war spannend! Unser Lieblingsspiel!

Das Haus war umringt von Ställen und einem großen Holzschuppen, in dem Reis und andere Vorräte aufbewahrt wurden. Wir hielten Schweine, Schafe und Kühe direkt am Haus, während unsere Äcker zum Teil etwas weiter weg lagen. Obwohl wir eigenes Vieh besaßen, haben wir nur sehr selten selber geschlachtet. Die Kühe wurden ohnehin in erster Linie für die Milch gehalten aber auch ein Schaf oder ein Schwein wurden nur geschlachtet, wenn ein großes Fest bevorstand, also viele Menschen erwartet wurden. Die Aufbewahrung verderblicher Lebensmittel war in unserem Klima ja praktisch ausgeschlossen. Wenn wir also selber Fleisch essen wollten, was in der Regel nur einmal in der Woche, zur Feier des Sonntags, der Fall war, wurde es frisch geschlachtet auf dem Markt gekauft.

Neben dem Schweinestall befand sich unser Klo in einem Häuschen. Das war ein Plumpsklo der besonders hygienischen Art, denn die Schweine sorgten dafür, dass jegliche Hinterlassenschaft sofort verschwand. Alles war immer sauber, die Schweine räumten auf. Wie es in Indien üblich ist, bestand das Klo aus einer Porzellanplatte auf dem Boden mit markierten Tritten für die Füße und einem Loch in der Mitte. Toilettenpapier gab es nicht, das wird auch heute noch als unsauber empfunden. Nach dem Klogang wäscht man sich den Genitalbereich mit Wasser. Zu diesem Zweck stand immer ein Eimer mit klarem Wasser im Klohäuschen, man schüttete sich etwas davon in die linke Hand und wusch sich. Anschließend wusch man sich natürlich gründlich die Hände, trotzdem benutzte man zum Essen grundsätzlich nur die Rechte.

Zum Waschen zogen wir manchmal Eimer mit Wasser aus dem Brunnen hoch und schütteten es uns becherweise über den Kopf. Das war unsere Dusche. Aber meist liefen wir einfach zum Ende unseres abfallenden Grundstücks, das von einem Fluss mit klarem Wasser begrenzt wurde, und sprangen hinein.

Ich habe mich als Kind sehr sicher und geborgen gefühlt, nicht nur, weil so viele große Schwestern mich behüteten oder ich wie alle Kinder in Indien bei Vater und Mutter im Zimmer schlief. Das durfte man immer solange, bis das nächste Kind kam und ich war eben der Jüngste...
Ich bin vollkommen unbelastet großgeworden, es gab genug zum Essen, zum Spielen, was braucht man als Kind mehr?

Indien, oder zumindest Kerala, war ein sicheres Land. Es war ein Rechtsstaat, auch wenn es sehr autoritätshörig war, ähnlich wie Deutschland in den Zwanzigern oder Fünfzigern. Polizisten, ähnlich wie Geistliche, genossen ein sehr hohes Ansehen und konnten sich eine Menge erlauben. Aber ich hatte sehr starke Eltern. Meine Mutter war nicht nur tolerant und liberal, sie war vor allem mutig. Einmal kam ein Nachbar, der in die Kommunalpolitik gehen wollte, und lud alle Dorfbewohner zum Essen ein. Er hoffte, dass sie ihm dann ihre Stimme geben würden. Aber meine Mutter sagte ihm klar und direkt ins Gesicht, dass sie das nicht richtig finde. Sie ließ sich nicht kaufen!
Ein anderes Mal hatte ein sehr entferntes Familienmitglied im Streit einen anderen umgebracht. Ob im

Affekt oder Notwehr, das weiß ich nicht. In der damaligen Zeit waren Polizisten nahezu allmächtig, sie hätten ihn totschlagen können, wenn sie ihn gefunden hätten, vor allem, wenn sie entsprechend bestochen worden waren. Meine Mutter versteckte den Verwandten in unserem Haus, nicht nur vor den Polizisten, auch vor den beiden ältesten Kindern, die es damals schon gab, die hätten ja sofort alles verraten. Als Polizisten zu ihr kamen, um nach ihm zu fragen, blieb meine Mutter vollkommen ruhig und gelassen. Zwei Tage später, als sich die erste Erregung gelegt hatte, brachte mein Vater diesen Verwandten zum Gericht, denn er sollte natürlich seine gerechte Strafe bekommen.

Mein Vater war ausgesprochen diplomatisch und geschickt im Verhandeln. Es gab einen sehr einflussreichen und entsprechend arroganten Menschen, der niemandem, der in sein Haus kam, einen Stuhl anbot. Das waren seine Besucher nicht wert. Aber mein Vater schaffte es, nicht nur in Ruhe mit ihm zu reden, sondern dabei auch auf einem Stuhl zu sitzen. Dieser Mann kam später sogar einmal zu uns, um ein Gespräch mit meinem Vater fortzusetzen. Solche Erfolge im Umgang mit anderen Menschen waren typisch für meinen Vater. Ein anderes Beispiel dafür ist, wie er einen jungen Mann, der regelmäßig von einem unserer weiter weg gelegenen Grundstücke Kokosnüsse stahl, davon abbrachte. Er nahm ihn zu einem Teashop mit und bat ihn um Rat: „Ich habe ein Problem. Auf einem unserer Grundstücke wird immer gestohlen. Du wohnst doch da in der Nähe, kannst du nicht ein bisschen darauf aufpassen?“ Damit war das Problem erledigt, ohne dass ein böses Wort gefallen war. Ein Meister der Deeskalation.Er konnte auch gut mit offiziellen Stellen umgehen und entsprechende Schreiben aufsetzen. Häufig begleitete er Menschen zum Gericht. Er war Mitglied des Gemeinderates und im Kirchenvorstand. Meine Eltern waren beide überdurchschnittlich engagiert, in allen möglichen Gremien präsent und konnten andere mitziehen. So zum Beispiel auch, als die Kirche in Kuninji neu gebaut werden sollte, da die Gemeinde stark gewachsen war und die alte Kirche einfach nicht mehr alle Gläubigen fassen konnte. Alle Gemeindemitglieder sollten während der Bauzeit pro Jahr die Ernte der ertragreichsten zehn Prozent ihrer Kokospalmen an die Kirche abgeben, um den Bau zu finanzieren. Aber die fünf reichsten Familien zogen sich plötzlich aus dem Vorhaben zurück. Da war die Verunsicherung groß. Mein Vater war derjenige, der immer wieder alle mobilisierte, immer wieder beteuerte, der Neubau sei auch ohne deren Beitrag zu schaffen, der immer wieder allen Mut zusprach. So kam es dann auch zum Neubau. Später wollte meine Mutter unbedingt, dass zu der Kirche, die auf einem Hügel lag, statt des einfachen Weges

St. Anthony`s Church in Kuninji

eine betonierte Treppe führen sollte, eine breite Treppe von unten nach oben, die die Bedeutung des Gebäudes wiederspiegelte. Dafür setzte sie sich ein und sammelte Geld. Aber es war ja nicht nur der finanzielle Kraftakt, sie musste die anderen Gemeindemitglieder mitziehen, den Priester überzeugen, das hat sie alles geschafft. Überhaupt konnte meine Mutter sehr gut organisieren. Wenn es ein großes Fest gab und fünfhundert Leute erwartet wurden, was zum Beispiel bei einer Hochzeit regelmäßig der Fall war, wieviel Fleisch brauchte man da, wieviel Reis? Das organisierte sie alles. Mein Vater akzeptierte vorbehaltlos, dass sie diese Dinge besser beherrschte als er. Er händigte ihr immer alle Einnahmen aus und holte sich Geld bei ihr, wenn er etwas brauchte. Mit dieser Regelung fühlten sich beide wohl. Ich hatte wirklich starke Eltern. Bestimmt war mir das als Kind gar nicht bewusst, aber es schaffte eben eine Atmosphäre, in der ich mich sicher fühlte.

Indien war, zumindest im Süden, auch ausgesprochen friedlich. Als ich ein kleines Kind war, kämpfte Indien zwar gegen Pakistan. Es ging um die Region Kaschmir. Es kam immer mal wieder zu Scharmützeln, die sich im Sommer 1965 sogar zu einem kurzen Krieg ausweiteten. Aber das war weit weg, hoch im Norden. Davon bekamen wir nichts mit außer der Berichterstattung im Radio. Und die war hochspannend, eher wie bei einem Fußballmatch, bei dem man mitfiebert und der eigenen Mannschaft den Sieg wünscht, das war alles andere als bedrohlich.
Auch die Angehörigen der verschiedenen Religionen, Hindus, Muslime und Christen, lebten in Kerala ohne größere Konflikte miteinander. Es war gar nicht immer

sofort erkennbar, zu welcher Religion der andere gehörte. Hindus kann man, genauso wie Christen, sowieso nicht an äußeren Merkmalen erkennen, da es keine besonderen Vorschriften für die Bekleidung gibt. Und in Kerala tragen die meisten Frauen unabhängig von der Religion in der Regel einen Sari, dessen Ende über die Schulter geworfen wird. Je nach Situation konnten die Frauen dieses Tuchende mit einem Handgriff über den Kopf ziehen, was bei manchen christlichen Frauen vielleicht auch Andacht und Respekt ausdrücken sollte, in jedem Fall aber auch als Sonnenschutz diente. In Kuninji gab es zwar kaum Muslime, aber in den höheren Schulen, in denen die Kinder aus vielen Orten zusammenkamen, gab es immer Angehörige jeder Religion und wir haben uns total gemischt, da fand keine Abgrenzung statt. In der Grundschule hatte ich wenige Hindufreunde, das war aber Zufall, vielleicht gab es keine in meinem Alter. Wir hatten mit Hindufamilien guten Kontakt und feierten auch Onam, eine Art Erntedankfest, zusammen. Onam ähnelt dem Farbenfest Nordindiens, wird aber bei uns ohne Farbe gefeiert. Unsere Vegetation ist bunt und farbig genug! Stattdessen gab es sportliche und spielerische Wettkämpfe und alle hatten schulfrei, ob Hindu oder nicht. Auf der High School war der Anteil an muslimischen Kindern höher. Das lag daran, dass die High School in einem größeren Ort lag, in dem mehr Muslime lebten. Muslime arbeiteten selten in der Landwirtschaft. Ihre Stärke war der Handel, Kaufen und Verkaufen. Daher wohnten sie eher selten in den rein agrarisch geprägten Dörfern. Vielleicht lag es an den kleinen Ortschaften, in denen man im Zweifelsfall aufeinander angewiesen war, dass alle zusammenhielten. Wenn wir christmas feierten, feierten Hindus und Muslime mit und wenn sie einen Feiertag hatten, waren wir dabei. So gab es viele Feiertage... Und wenn man nicht mitfeierte, verhielt man sich selbstverständlich respektvoll. Wenn man in eine Prozession geriet, hielt man sich zurück und störte nicht, egal, wer diese Prozession gerade durchführte. Man respektierte die Ansichten der anderen. Die Hindus haben nicht dagegen protestiert, dass wir Kühe hielten, wir haben die aber auch gut behandelt und nicht geschlachtet. In Deutschland legt man große Steine auf die Straßen, um den Verkehr zu beruhigen, in Indien liegen da eben Kühe. Der Effekt ist doch der gleiche! Sehr religiöse Hindus essen gar kein Fleisch, aber meine Freunde aßen alle Fleisch, die Hindus nicht von der Kuh, die Muslime nicht vom Schwein. Als Christ isst man ja fast alles. Aber man achtete eben die Regeln der anderen. Zumindest in Kuninji funktionierte das gut. Wir waren doch alle Nachbarn und lebten gemeinsam. In der größeren Stadt, in der ich später studierte, gab es schon eher die Tendenz zu überwiegend muslimischen oder christlichen Wohnvierteln, da fand schon eine gewisse Abgrenzung statt.

Wie ich bereits gesagt habe, war unsere Familie eher wohlhabend, wobei wohlhabend natürlich ein relativer Begriff ist. Wir mussten sehr auf das Geld aufpassen. Das ist mir in Fleisch und Blut übergegangen. Noch heute bin ich ein Sparfuchs, was auch zu meinem indischen Sternzeichen Avitam passt. Wohlhabend bedeutet nur, dass wir mehr besaßen, als viele der Familien um uns herum, von denen einige für meine Eltern arbeiteten. Dieses System ist mit dem deutschen Kötterwesen vergleichbar. Tagelöhner bekamen eine Unterkunft, ein Stück Land, um etwas für sich selber anzubauen und mussten dafür in unserer Landwirtschaft mitarbeiten. Hinzu kamen Saisonarbeiter aus Nordindien, die in einem Nebengebäude untergebracht waren. Dieses System kann man als Landbesitzer sehr ausnutzen und die Menschen wie Sklaven behandeln. Das haben meine Eltern aber nicht gemacht, sondern gut für sie gesorgt. Wenn die Arbeiter, sowohl die Saisonarbeiter als auch die Tagelöhner, morgens kamen, wurden sie nach Notwendigkeit aufgeteilt: einige auf die Felder, ein oder zwei in die Küche oder auch zur Wäsche. Auf dem Feld und in der Küche arbeiteten Männer und Frauen gleichermaßen, wobei die Frauen eher Reis pflanzten, versorgten und ernteten, während die Männer diese Äcker mit Ochsengespannen bearbeiteten. Die Arbeiter auf dem Feld oder in der Kautschukernte mussten mit Essen versorgt werden, da gab es schon viel zu tun, zumal meine Mutter oft mit auf dem Feld war und sich nicht selber um die Küche kümmern konnte. Die schwere Arbeit des Wäschewaschens wurde grundsätzlich von Frauen übernommen, oft war meine Mutter dabei. Die Wäsche wurde in dem Fluss, der unser Grundstück begrenzte, gespült, eingeseift, auf einem flachen Stein am Ufer geschlagen und im fließenden Wasser gespült. Manchmal hat meine Mutter die Wäsche auch weggegeben, vor allem nach einer Geburt oder Krankheit, wenn besonders viel anfiel.

Ich wurde nach meinem Großvater Simon getauft, und da es indischer Tradition entspricht, den Vornamen des Vaters zum zweiten Namen des Kindes zu machen, hieß ich Simon Simon. Ich kann mich nicht daran erinnern, aber ich muss diese Namensdoppelung als Kind total gehasst haben. Das hat mir absolut nicht gefallen und ich habe Erzählungen zufolge so laut protestiert und geweint, wie nur ein kleines Kind es kann. Jedenfalls hat mein ältester Bruder Joseph, der bei meiner Geburt schon so gut wie ausgezogen war und in einem Priesterseminar lebte, bei einem Besuch zu Hause festgelegt, dass ich ab sofort Julian heiße. Diesen Namen mag ich bis heute, das ist der Name, den ich als meinen wahrnehme und den ich nicht einfach von jemandem übernommen habe.

Ich bin mit fünf Jahren eingeschult worden, kann mich aber nicht daran erinnern. Erinnern kann ich mich an den „Kalari“, den Kindergarten, den ich vorher ein oder zwei Jahre lang besucht habe. Er befand sich in der Ortsmitte von Kuninji und ich ging vom ersten Tag meist alleine oder mit anderen Kindern dorthin. Erwachsene gingen selten mit, es gab keinen Autoverkehr, was sollte schon passieren? Neben einem flachen sandigen Gelände zum Spielen gab es eine Veranda, auf der wir im Schatten auf dem Boden sitzen konnten. Hier fand der Unterricht statt. In Indien lernt man nämlich schon im Kindergarten schreiben: alle 56 Buchstaben, die das Malayalam umfasst, und die Zahlen. Die musste man mit fünf Jahren beherrschen, sonst wurde man nicht eingeschult. Unseren Kindergartenlehrer nannten wir „Ashan“, was in etwa geduldiger weiser Mensch bedeutet. Er war ein älterer Herr, was sicherlich gut war, da ältere Menschen mehr Geduld haben und ausgeglichener sind. Er war jedenfalls ein sehr guter Lehrer für uns. Wir schrieben zunächst in Sand. Das war ideal! Er wurde ausgestreut, man konnte missglückte Versuche beliebig oft wegwischen und neu versuchen. Immer und immer wieder. Wenn es gar nicht klappen wollte, half „Ashan“ schon mal mit liebevollem Druck nach, so dass die Fingerspitze auf dem Sand rieb und sich die Bewegung im wahrsten Sinne des Wortes besser einprägte. Der nächste Schritt war, die Buchstaben und Zahlen auf Palmenblätter einzuritzen, das ähnelte schon eher dem Schreiben auf Papier.

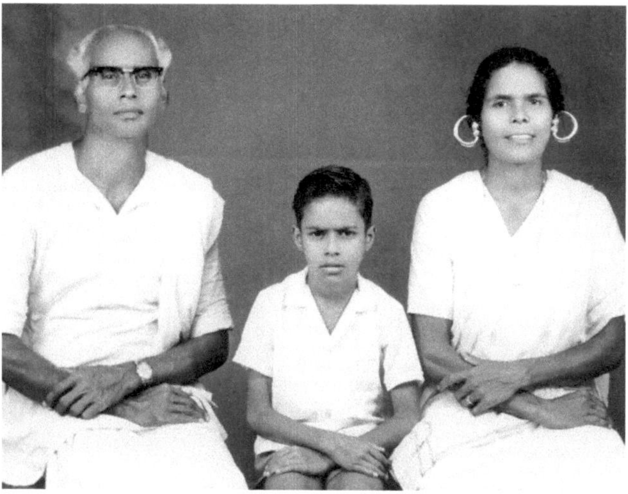

Ich hatte wirklich starke Eltern! Im Alter von fünf oder sechs Jahren, also um die Einschulung herum, sitze ich zwischen Ammachi (Mutter) und Chachan (Vater).

Auch wenn ich mich an den ersten Schultag nicht erinnern kann, sehe ich doch noch meinen Platz in der Schule und die Lehrerin vor mir. Wir saßen im Klassenzimmer getrennt, die Mädchen auf der einen, die Jungen auf der anderen Seite. Das kannte ich schon aus der Kirche. Die Primary School, die vier Jahre dauernde Grundschule, war eine christliche Schule, wurde aber auch von Hindus besucht. Muslime gab es in Kuninji kaum. Obwohl es eine christliche Schule war, begann der Tag nicht mit einem Gebet, sondern mit dem Absingen der indischen Nationalhymne auf dem Schulhof, wobei wir stramm zu stehen hatten. Das war schon sehr patriotisch, man muss eben bedenken, dass Indien erst siebzehn Jahre zuvor unabhängig geworden war und die Emotionen noch stark wirkten. Von der Zugehörigkeit unserer Schule zur Kirche haben wir dagegen nicht viel gemerkt, selbst der Religionsunterricht fand sonntags, also außerhalb des eigentlichen Unterrichts, statt. Schulunterricht wurde an fünf Tagen in der Woche erteilt und dauerte von zehn bis dreizehn Uhr, gefolgt von einer Stunde Mittagspause, und dann nochmal von vierzehn bis sechzehn Uhr. Die Schule lag kaum hundert Meter von uns entfernt, so dass wir nicht nur zum Mittagessen, sondern sogar zwischen den einzelnen Stunden schnell nach Hause laufen konnten. Bald hatte es sich eingebürgert, dass meine Freunde mit mir nach Hause liefen, wenn sie Durst hatten, denn wir hatten Brunnenwasser, also sehr sauberes Trinkwasser. Ich war jedoch nicht auf das Brunnenwasser angewiesen...

Ich kann mich daran erinnern, dass ich von der Grundschule nach Hause lief, die „Chatta", also die lockere Bluse meiner Mutter hochschob, Muttermilch trank und wieder zur Schule zurück lief. So lange habe ich Muttermilch bekommen. Muttermilch galt als extrem gesund, war immer steril, was in dem warmen Klima ja wichtig war, und meine Mutter hatte einfach viel, sie hat, wie auch schon ihre Mutter, noch andere Kinder mit durchgefüttert, deren Mütter aus irgendeinem Grund nicht stillen konnten.

In den ersten Schuljahren lernten wir, unsere Muttersprache Malayalam zu lesen und zu schreiben, Rechnen, Heimatkunde, wir hatten die üblichen Fächer der Grundschule. Der Unterricht war streng, wenn wir etwas vergessen oder gar Hausaufgaben nicht gemacht hatten, bekamen wir schon mal Schläge mit einem Stock. Aber da alle gleich streng behandelt wurden, habe ich das als normal empfunden. Wenn gleiches Recht für alle gilt, empfindet man Strenge nicht als so schlimm.

Im ersten oder zweiten Schuljahr habe ich auch meinen ersten engen Freund gefunden. Das ergab sich ganz interessant. Mein zweiter Bruder, Mathew, hatte eine Lehre als Radiomechaniker begonnen und war von früh morgens bis spät abends unterwegs. Der älteste lebte ja schon lange nicht mehr zu Hause. So hatten einige Kinder wenig Respekt vor mir, da ich keine großen Brüder in der Nähe hatte, die mich schützen konnten. Einmal rutschte ein älterer Schüler während der Regenzeit in einer Wasserpfütze auf der Schulveranda aus und dachte, ich hätte ihn geschubst. Er stürzte sich auf mich, er brauchte ja auch keine Angst vor meinen Brüdern zu haben, die waren weit weg. Plötzlich kam mein Klassenkamerad Agasthy angelaufen, der war stark und muskulös, und verteidigte mich: „Wenn du Julian anfasst, musst du mit mir rechnen.“ So wurde er mein bester Freund. Gesehen haben wir uns trotzdem fast nur in der Schule. Er wohnte etwas weiter weg, seine Familie war eher arm, er musste zu Hause mehr helfen als ich und hatte weniger Zeit zum Spielen. Und um sieben Uhr wurde es schlagartig dunkel, dann musste man in jedem Fall zu Hause sein. In Kerala wird es morgens sehr früh hell und um sieben Uhr von einem auf den anderen Moment dunkel, eine Dämmerung gibt es nicht. In den ersten Jahren meiner Kindheit hatte niemand Strom, der Tag war also früh zu Ende. Trotzdem fing die Schule erst um zehn Uhr an. Das hing damit zusammen, dass alle zu Hause Landwirtschaft hatten, wirklich alle, auch der Lehrer. Alle standen früh am Morgen auf und arbeiteten vor der Schule schon auf ihren Feldern oder schnitten Kautschukbäume an, damit der Saft austrat und aufgefangen werden konnte. Auch wir Kinder hatten Aufgaben zu erledigen, zu Hause zu helfen oder den Arbeitern Essen auf das Feld zu bringen. Und da man natürlich keinen Gang umsonst tat, nutzten wir den Rückweg, um zum Beispiel schon mal einen Teil der Ernte nach Hause zu transportieren. Anschließend wuschen wir uns am Brunnen oder im Fluss, frühstückten und gingen dann zur Schule oder, je nach Uhrzeit erst zur Kirche und dann in die Schule. Wir gingen nicht jeden Morgen in die Kirche, aber auch nicht nur am Sonntag.

Wir frühstückten gemeinsam, zumindest wir Kinder, also meine Schwestern und ich. Mein Vater war häufig unterwegs und meine Mutter war auch oft anderweitig beschäftigt. Meist gab es Kappa, also einen Brei aus Tapioka oder aus Jackfrucht, wenn sie gerade reif waren. Manchmal gab es auch Reisküchlein mit einer Soße. Meine Schwestern bemutterten mich, vor allem Leelamma, die älteste. Als ich lernte, auf die Toilette zu gehen, war sie es auch, die mir den Po abwusch und mir beibrachte, das selbst zu tun.

Wenn wir in der Mittagspause von der Schule kamen, aß jeder so, wann und wie es sich gerade ergab, denn alle kamen unterschiedlich und mussten ja auch wieder los. Es gab immer Curry, also ein eintopfartiges Gericht aus verschiedenen Gemüsesorten mit zahlreichen Gewürzen, das mit Reis gegessen wurden. Curry gab es in unzähligen Variationen. Zum Nachtisch gab es immer Früchte, Ananas, Bananen, alles wuchs bei uns. Wenn wir vom Nachmittagsunterricht nach Hause kamen, mussten Hausaufgaben gemacht und wieder kleinere Aufgaben im Haus und in der Landwirtschaft erledigt werden. Ich musste zum Beispiel häufig die Kühe vom Feld holen. Ich erinnere mich, dass mir dabei einmal der Gedanke kam, ich könnte doch auf den Kühen reiten. Ich wollte so gerne reiten! Unbedingt. Ich weiß gar nicht, woher dieser Wunsch kam, denn Kerala war absolut keine Pferdegegend, es gab kein einziges Pferd im Umkreis. Vielleicht war er durch die Erzählungen meiner Mutter, dass sie als Kind mit einem Pferd zur Schule geritten war, geweckt worden. Bei uns ritt man höchstens auf Büffeln, das wa-

ren sehr ruhige behäbige Tiere, auf denen man problemlos sitzen konnte. Wir hatten jedoch Kühe, keine Büffel. Aber Kühe sind ja auch sehr ruhig. Dachte ich zumindest. Ich band einer Kuh eine Schnur um und kletterte auf ihren Rücken, worauf sie anfing zu springen, wie ich es später nur bei Stieren in einer spanischen Arena gesehen habe. Oh, ich habe mich um mein Leben festgeklammert. Aber zum Glück war ich jung und elastisch und landete irgendwann unsanft aber unbeschadet wieder auf dem Boden.
Später musste ich auch auf dem Feld helfen, vor allem in den zweimonatigen Sommerferien gemeinsam mit den Arbeitern die Felder bestellen, während die Mädchen auf dem Feld oder zu Hause halfen, Abwaschen, Fegen und so etwas. Das habe ich nie gemacht, in der Küche hatte ich als Junge nichts verloren.
Solange ich zur Grundschule ging, blieb neben Hausaufgaben und der Mithilfe zu Hause immer noch Zeit zum Spielen mit meinen Schwestern oder Nachbarskindern, bevor es dunkel wurde und es Abendbrot gab. Abends fand die Hauptmahlzeit des Tages statt, die Familienmahlzeit, bei der auch mein Vater anwesend war. Wir kamen auf der Veranda zusammen oder, wenn es zu warm war, in dem dahinterliegenden Raum. Aber bevor es Essen gab, wurde eine Kerze vor unserem Kreuz angezündet und gebetet und zwar eine volle Stunde lang. Jeden Tag, Tag für Tag, beteten wir eine Stunde vor dem Essen. Einen Teil der Stunde knieten

wir, beim Rosenkranz stellten wir uns mit weit ausgebreiteten Armen auf. Zum Abschluss wurde eine Passage aus der Bibel vorgelesen. Anschließend küssten wir nach indischer Tradition als Ausdruck des Respekts die anderen Familienmitglieder in die zu einer Schale zusammengelegten Hände, angefangen beim Ältesten. Dazu sagte man „Umma“, also Kuss. Naja, ich kann nicht behaupten, dass ich beim Beten immer besonders andächtig war. Ich kannte natürlich alle Gebete und auch den Rosenkranz auswendig und konnte sie im Halbschlaf aufsagen - und manchmal habe ich auch genau das getan... Zum Essen gab es wieder Reis mit Curry, Tee und Früchte. Ich war immer ein guter Esser, ich mochte eigentlich alles. Ich kann mir aber auch nicht vorstellen, dass es einen Inder gibt, der keinen Reis mag. Später kam hinzu, dass ich sehr viel Sport gemacht habe, da war der Appetit natürlich gewaltig. Nach dem Abendbrot ging ich bald zu Bett, ich war ja noch klein und wir hatten kein elektrisches Licht, nur Kerosinlampen, die nicht allzu viel hergaben.

Samstags war der einzig richtig freie Tag, denn am Sonntag gingen die Eltern in die erste Messe um sieben Uhr, wir Kinder in die zweite Messe um zehn Uhr und anschließend fand der Religionsunterricht in der Schule statt. Dafür mussten wir aber keine Hausaufgaben machen und auch zu Hause ruhte die Arbeit an diesem Tag, so dass die häuslichen Pflichten

bis auf das Versorgen der Tiere entfielen. Es gab also schon viel Zeit zum Spielen, man traf in der Kirche ja auch viele Freunde und es gab besonders gutes Essen, nämlich Curry mit Fleisch. Das gab es ausschließlich sonntags und war schon ein Höhepunkt.
Der Sonntag war in unserer sehr religiösen Familie wirklich ein kleiner Feiertag und auch die anderen Feiertage wurden dementsprechend festlich, aber eben immer mit starkem Fokus auf der religiösen Bedeutung begangen. Weihnachten gab es also keine Geschenke oder einen Tannenbaum, das ist in Indien bis heute nicht üblich, stattdessen wurden feierliche Hochämter in der Kirche besucht und gut gegessen. Aber natürlich hatten wir eine Krippe, die kunstvoll aufgebaut wurde. In der Nacht vom 25. auf den 26. Dezember gingen wir in größeren Gruppen mit einer Öllampe und dem Jesuskind aus der Krippe von Tür zu Tür und sammelten Geld für Missionarstätigkeiten. Das ist vergleichbar mit dem Sternsingen in Deutschland, fand aber eben nachts statt und es gingen Erwachsene und Kinder gemeinsam herum. Statt Süßigkeiten bekamen wir daher Kaffee, Tee und Kuchen angeboten, damit wir wach blieben.
Während der Osterfeiertage kamen wir kaum aus der Kirche raus. Gründonnerstag wurde noch überwiegend zu Hause gesungen und gebetet. Außerdem wurde an diesem Tag ein besonderes Reisbrot gebacken, das zu den Nachbarn gebracht wurde. Der

Familienälteste segnete das Brot, brach es und verteilte es an die Familienmitglieder, genauso, wie Jesus es mit seinen Jüngern gemacht hatte. Am Karfreitag, der in Kerala offizieller Feiertag war, wurden über den ganzen Tag im Wechsel Andachten, Meditation und Exerzitien in der Kirche gehalten, es musste permanent mindestens ein Mitglied der Familie in der Kirche sein, wir lösten uns gegenseitig ab. Ostersonntag begann mit der Mitternachtsmesse, die aber natürlich nicht die einzige Messe des Tages blieb. Bei uns zu Hause wurden ausschließlich die klassischen katholischen Feste gefeiert. Wir nahmen aber an einigen Feiertagen der anderen Religionen, wie z.B. Onam, teil. Und natürlich gingen wir zu den Feierlichkeiten zum indischen Unabhängigkeitstag am 15. August, der immer mit Schulaufführungen, also kleinen Theaterstücken und Tänzen und offiziellen Reden begangen wurde. Persönliche Feiertage, wie z.B. Geburtstag, wurden kaum beachtet. Kinder bekamen „Paisam", ein besonderes Reisgericht, das war es auch schon.

In der Zeit, in der mein Bruder Mathew seine Lehre machte, bekam ich einen neuen Bruder. Mathew kam jeden Abend zum Schlafen nach Hause und brachte nach einiger Zeit immer häufiger einen Jungen mit, der mit ihm gemeinsam in der Lehre war, John. Er hatte keine Eltern mehr und war von einer Familie aufgenommen worden, mit der er mit der Zeit nicht mehr gut klar kam. Die Chemie stimmte nicht zwischen ihnen. So kam er immer häufiger zu uns, bis er dazu gehörte und bei uns wohnte. Er war kein Adoptivbruder im strengsten Sinne, Papiere sind nicht unterzeichnet worden, aber ich entwickelte damals eine sehr enge Beziehung zu ihm, nicht nur, weil er immer Süßigkeiten mitbrachte, und betrachte ihn als meinen Halbbruder. Ich war sieben oder acht Jahre, als er zu uns kam, also im dritten oder vierten Jahr der Grundschule.

Nach vier Jahren Grundschule begann die Middle School. Das war keine große Veränderung, die beiden Schulen gehörten praktisch zusammen und lagen direkt nebeneinander. Wir bekamen einige Fächer dazu, vor allem Englisch, aber auch Naturwissenschaften: Biologie, Chemie und Physik. Der Samstag blieb zum Glück schulfrei.

Etwa gleichzeitig mit meinem Wechsel zur Middle School bekamen wir auch Strom zu Hause. So konnte ich abends manchmal länger lesen. Trotzdem änderte sich an unserem Tagesablauf nicht sehr viel, denn vor allem in der Regenzeit gab es ständig durch Wind, Regen und fallende Äste Stromausfall, so dass man nach wie vor darauf achtete, seine Aufgaben und Pflichten oder auch das Duschen zu erledigen, bevor die Dunkelheit hereinbrach. In der Regenzeit habe ich einmal mit zehn oder elf Jahren ein spannendes Phänomen beobachtet, das ich bis heute nicht verstehen kann. Eine Palme, vielleicht hundert Meter von mir entfernt, war von einem Blitz getroffen worden und brannte lichterloh und ausdauernd, obwohl doch dichter Regen unablässig fiel. Das war mir unerklärlich.

Etwa in der gleichen Zeit wurde ich zu meiner großen Beglückung von einem Hund gebissen! Unser Nachbar hatte einen großen Hund, den ich gut kannte. Ich wusste aber nicht, dass er die Holzplatte, auf der er immer lag, als sein Revier betrachtete, und lief eines Tages einfach darüber. Da sprang der Hund auf und biss mich heftig in die Innenseite eines Oberschenkels. Trotz des Schocks und der Schmerzen war ich glücklich! Das war der glücklichste Moment meiner Kindheit! Warum? Menschen, die von Hunden gebissen werden, haben von Schlangen nichts zu befürchten. So hieß es zumindest. Man wurde entweder von den einen oder von den anderen gebissen. Und wir hatten doch alle so große Angst vor Schlangenbissen, denn in der üppigen Natur Keralas gediehen zahlreiche hochgiftige Arten. Das war ein ständiges Thema.

Kurz nachdem ich auf die Middle School gewechselt hatte, starb mein Opa. Ich hatte ihn manchmal mit meiner Mutter besucht, aber das war mit großen Umständen verbunden, obwohl die Wohnorte mit zwölf Kilometern eigentlich nahe beieinander lagen. Der Lehrer musste gebeten werden, mir in der Schule frei zu geben, und dann mussten wir etwa vier Kilometer laufen, bergauf und bergab, bis wir eine passende Bushaltestelle erreichten. Oft haben wir die Großeltern daher nicht gesehen, denn die Distanz war bei Hitze oder während der Regenzeit nur mühsam zu bewältigen. Aber als mein Opa starb, versprach mir meine Mutter ein großes Geschenk, wenn ich ein Jahr lang jeden Morgen zur Kirche gehen würde. Das habe ich auch gemacht, kann mich aber kaum an ein Geschenk erinnern...

Ich war sowieso sehr aktiv in der Gemeinde, nicht nur als Messdiener, sondern auch in der kirchlichen Jugendarbeit. Wir sammelten Geld für Missionare in Nordindien oder säuberten die Umgebung der Kirche. Es gab einen Gebetskreis für Jugendliche, in dem ich mitwirkte. Manchmal trafen wir uns auch einfach nur, um Hostien zu machen. Der Küster backte die flachen Platten zu Hause und wir stanzten daraus die Hostien aus. Diese Aufgabe übernahmen wir ganz besonders gerne, denn den überbleibenden Rand durften wir essen, das schmeckte so gut!

Ich denke, meine Eltern hatten gehofft, dass ich das Priestertum für mich entdecken würde, wo ich doch so aktiv in der Kirche war. Priester waren nun einmal die angesehensten Menschen. Eine ganze Zeitlang konnte ich mir das auch sehr gut vorstellen. Mein Bruder war zu diesem Zeitpunkt ja schon Priester und arbeitete in einem seminary, einem Priesterseminar, das Jugendliche nach der zehnten Klasse aufnahm. Die Kongregation der Claretiner hatte es gerade erst in Kuravilangad, gute zwanzig Kilometer von uns entfernt, eröffnet. Das war ein neues, modernes, wunderschönes Gebäude, das viele Möglichkeiten bot und auch Rücksicht auf die Bedürfnisse der noch jugendlichen Schüler nahm. Man konnte dort Sport machen, singen, Theater spielen, es gab gutes Essen, das war wunderbar! Ein kleines Stück Freiheit. Mein Bruder besaß ein Motorrad, mit dem er uns manchmal besuchte und mich dann für ein Wochenende mitnahm. Ein paar Mal bin ich sogar mit dem Bus dorthin gefahren, obwohl das ziemlich lange dauerte. Aber ich war eben so gerne dort. Ich konnte auch, wie alle in unserer Familie, gut öffentlich sprechen, was für einen Priester ja nicht unwichtig ist. Als der Distriktgouverneur Ende der sechziger Jahre nach Kuninji kam, um eine neue Brücke einzuweihen, hielt Lucyamma eine Dankesrede. Das muss sie ganz hervorragend und geschickt gemacht haben, indem sie das von ihm Erreichte lobte, um gleich darauf noch etwas mehr zu fordern. Das hat die Menschen sehr beeindruckt. Lucyamma hat mir auch beigebracht, wie man Reden hält. Was man sagt, und wie man es sagt, sie war mein Coach. Reden wurden ja zu allen möglichen Anlässen gehalten und gute Redner waren immer gefragt. Ich stand dann auf einem „Para“, einem hochgelegenen Stein in unserm Hof und habe die Rede zur Probe deklamiert. Es gab Rede-Wettbewerbe in der Schule und auch von der Kirche aus, an denen ich teilnahm, nicht nur in Kuninji, sondern auch in der nächstgrößeren Stadt. Es wurde eine Mitfahrgelegenheit organisiert, man bekam ein Thema, fünf Minuten Vorbereitungszeit und dann musste man vor Publikum sprechen. Ich erinnere mich an einen der ersten Wettbewerbe, der bei uns in der Schule stattfand. Ich hatte mich auf dem Hof vorbereitet, Stichpunkte gemacht und einige zentrale Sätze zu Papier gebracht. Wenn man aus dem gleißenden Sonnenlicht auf die Bühne kommt, müssen sich die Augen erst an die dunkle Umgebung gewöhnen. Ich hatte einen blackout. Prompt vergaß ich ein oder zwei wichtige Sätze, was mir erst auffiel, als ich schon dabei war, das Podium zu verlassen. Schnell sprang ich wieder rauf und hielt die Rede zu Ende.

In Kuninji gab es nur die Primary School und die Middle School. Ich bin nicht mehr ganz sicher, aber ich glaube, dass die Schulpflicht nach der siebten Klasse endete. Die allermeisten Kinder gingen zumindest sieben Jahre, also bis zum Ende der Middle School, dorthin. Das war für indische Verhältnisse extrem fortschrittlich. Kerala hatte sehr wenige Analphabeten, der Bildungsstand lag und liegt heute noch weit über dem indischen Durchschnitt. Das hat zum einen mit dem hier besonders stark verbreiteten Christentum zu tun, neben christlichen Krankenhäusern gibt es sehr viele kirchliche Schulen, hängt aber auch mit dem Reichtum des Landes zusammen. Es gab zwar viele Menschen, die unter einfachen Umständen lebten, aber alle wurden satt, da das Land einfach genug hervorbrachte. Also konnte man es sich auch leisten, die Kinder zur Schule gehen zu lassen, statt sie irgendwo zur Arbeit zu schicken. In unserer Familie wurde überhaupt nicht in Frage gestellt, dass alle die High School besuchten und nach Möglichkeit anschließend auch noch zum College gingen, unabhängig ob Junge oder Mädchen.

Aber die Gruppe derer, die sich morgens trafen und zur nächsten High School auf den Weg machten, umfasste längst nicht mehr alle Kinder der entsprechenden Altersgruppe des Dorfes.

Wir frühstückten so um acht und machten uns dann an den etwa vier Kilometer langen Weg nach Vazhithala. Rosamma war zunächst auch noch dabei. Wir nahmen Reis und Curry für die Mittagspause mit. Eigentlich war das gemeinsame Laufen in der Gruppe wunderschön. Man konnte miteinander reden, die Landschaft ist ja sowieso herrlich, auch wenn wir als Jugendliche nicht so den Blick dafür hatten, aber man kam doch vollkommen nassgeschwitzt in der Schule an. Zum Glück ging es allen so, daher war es nicht ganz so schlimm. Wir trugen keine Schuluniformen, aber es gab ein paar ungeschriebene Kleidervorschriften, an die wir uns zu halten hatten. So trugen Jungen ab einem Alter von zwölf oder dreizehn Jahren keine Shorts mehr, sondern das traditionelle weiße Hüfttuch, den „Mundu“. Das empfand ich als ausgesprochen unpraktisch und unbequem und habe versucht, bei Shorts zu bleiben. Das scheiterte am Widerstand meines Hindi-Lehrers, dessen sarkastischen Kommentaren und permanenten Sticheleien ich nicht gewachsen war.

Natürlich wurde der Unterricht anspruchsvoller. Aber der wesentliche Unterschied beim Übergang von Middle zur High School bestand doch darin, dass es auf der höheren Schule erstmals Sportunterricht gab. Bis dahin kannten wir nur jährliche Sportfeste, bei denen ich gut abgeschnitten hatte. Unsere Grundschule war dafür bekannt, dass sie die besten Sportler der Gegend hervorbrachte, darauf wurde großer Wert gelegt und als guter Sportler erntete man dementsprechend Anerkennung. Aber nun wurde mein Ehrgeiz erst so richtig angestachelt. Bis dahin hatte ich Sport lediglich spielerisch betrieben, wir trafen uns manchmal zum Volleyballspielen auf einem öffentlichen Volleyballplatz im Zentrum des Ortes, ich freute mich, wenn ich bei den jährlichen Sportfesten gut abschnitt, aber nun begann ich, richtig zu trainieren. Vor allem, wenn das Sportfest nahte, überredete ich Rosamma, meine Bücher für mich nach Hause zu tragen und rannte den ganzen Weg, vier Kilometer bergauf und

Rosamma und ich während unserer Highschool-Zeit

bergab, um mich fit zu machen. Rosamma war später eingeschult worden als ich und/oder hatte ein Jahr wiederholt, jedenfalls besuchten wir die High School lange gemeinsam. Sie war körperlich viel stärker als ich, weshalb ich Streitigkeiten mit ihr gerne aus dem Weg ging, aber ich war klein und schnell. Ob es mein Ehrgeiz war, ein sportliches Gen oder meine Lauferei - ich wurde zwei Jahre hintereinander Champion. Dafür musste man in vier von fünf Disziplinen, es gab 100-Meter-Sprint, 200-Meter-Sprint, Weitsprung, Dreisprung und Hochsprung, die meisten Punkte haben.

In der neunten und zehnten Klasse besuchten uns immer wieder Priester oder Ordensangehörige verschiedener Kongregationen, stellten ihren Orden vor und warben dafür, Priester zu werden. Lange Zeit konnte ich mir das auch sehr gut vorstellen. Aber dann kam der Tag, an dem ich entdeckte, was ich wirklich machen wollte. Ich suchte mit meiner Schwägerin, Mathews Frau, das Government Hospital, das staatliche Krankenhaus auf, das etwa drei Kilometer von Kuninji entfernt lag. War ich krank und sie begleitete mich oder war es umgekehrt? Ich kann mich an die Umstände und den Zeitpunkt nicht mehr genau erinnern, wohl aber an den Moment, als mir klar wurde: **Ich will Medizin studieren!** Das hat mich fasziniert. Der Arztberuf hatte in unserer Familie keine Tradition, wenn man von den ayurvedischen Kenntnissen meiner Großeltern absieht, die ja nicht unmittelbar das gleiche sind. Priester oder Mönch hätte schon näher gelegen. Ich hatte aber plötzlich diese Klarheit: Das will ich machen.

Die High School endete mit einer öffentlichen Prüfung für das S.S.L.C. (Secondary School Leaving Certificate), bei der überall die gleichen Fragen gestellt und auch die Ergebnisse zentral benotet wurden. Danach war klar, wer bestanden hatte, aber eine große Abschlussfeier gab es nicht. Stattdessen wurde ein großes Schulfest mit Wettbewerben in den Bereichen Sport, Musik und Reden abgehalten, es wurden Tänze aufgeführt, Ehrungen ausgesprochen, Reden geschwungen. Und dann war unsere Schulzeit vorbei.

Licht und Schatten

Mensch zu sein bedeutet, nicht fehlerfrei zu sein.
Es hat schon seinen Grund, dass Jesus sagt:
„Wer ohne Sünde ist, werfe den ersten Stein!“
Mal bin ich feige, mal bin ich mutig,
mal bin ich ein ganz normales,
handelsübliches kleines „Arschloch“.
Ich bin ein Mensch, kein Heiliger.
Fehler und Schwächen gehören zum Leben.
In meiner Jugend war ich perfekt.
Das war zum Kotzen.

Was kennzeichnete meine Zeit in der weiterführenden Schule? Ich war der beste Sportler, ein guter Schüler, eine treibende Kraft in der Jugendarbeit der Kirchengemeinde und fiel durch gute Reden auf. Ich machte meiner Familie Ehre. Ich war ein Vorbildkind. Ich war total angepasst.

Als ich ein kleiner Junge war, bekam ich mit, wie meine Eltern sich mit Besuchern darüber unterhielten, dass ein Mädchen aus der Nachbarschaft „mit den Jungs gelaufen und schwanger geworden“ war. Natürlich war es mir ein großes Rätsel, wie das zusammenhing, wie man vom miteinander Herumlaufen schwanger werden konnte. Aber ich habe auch als Kind verstanden, dass sie den Ruf ihrer Familie beschädigt hatte. Wir waren eine angesehene Familie und wurden respektiert. Ich begriff schon damals, dass es auch an mir lag, unser Ansehen zu bewahren, dass wir alle beizutragen hatten. Und dazu war ich auch mehr als bereit. Wie dieser Beitrag auszusehen hatte, gaben die starren Regeln der indischen Gesellschaft, der konservativen ländlichen Bevölkerung und der katholischen Kirche allergenauestens vor. Hier war der natürliche Reichtum Keralas vielleicht auch ein Nachteil. Eine Motivation, etwas zu ändern, Neuerungen zuzulassen, ergibt sich meist aus der Not heraus. Aber niemand litt hier Not oder an Existenzangst, warum sollte man also etwas ändern? Das führte zu einer Verengung des Blickfeldes, einer fehlenden Weite. Zugleich sorgte die Sozialkontrolle auf dem Dorf, wo jeder jeden kannte, dafür, dass auch nicht die kleinste Überschreitung der Regeln unbeobachtet blieb.

Dabei kommt es aber auch auf die Persönlichkeit des Einzelnen an. So wie ich es damals mitbekommen habe, war mein ältester Bruder Joseph anders, rebellisch. Er hat sich nie so viel vorschreiben und sagen lassen. Das ging so weit, dass er in der zehnten Klasse z.B. einfach in den teashop gegangen ist, statt Essen von zu Hause mitzunehmen, und wenn mein Vater das nächste Mal dorthin kam, bekam er die Aufforderung, die ausstehenden Rechnungen seines Sohnes zu bezahlen. Zwischen den beiden knallte es daher oft und Joseph kassierte entsprechend häufig Schläge. Darauf reagierte er natürlich wieder, ließ die Schule schleifen, beispielsweise. Obwohl er sehr intelligent war, musste er eine Klasse wiederholen, was meinen Vater wiederum furchtbar aufgeregt hat. Diese Situation hat sicher auch dazu beigetragen, dass mein Bruder nach der zehnten Klasse ins Priesterseminar gegangen ist. Das war einfach der schnellste Weg raus für ihn, eine Erlösung. Ich weiß gar nicht, ob er damals wirklich unbedingt Priester werden wollte, aber er wollte raus aus der Enge, kam dann in den Norden Indiens, weit weg von zu Hause und konnte die Welt sehen. Ich war hingegen eine angepasste Persönlichkeit. Das hat Vor- und Nachteile. Man gibt etwas ab aber dafür bekommt man auch was, Anerkennung und Zuwendung. Mein Vater hat mich trotz all seiner Strenge fast nie geschlagen, ganz im Gegensatz zu meinem Bruder, und meine Mutter war ausgesprochen liebevoll zu mir. Das gefiel mir natürlich, ebenso wie die allgemeine Anerkennung der Umgebung, und so habe ich bis zu einem gewissen Alter nur die Vorteile der Anpassung gespürt und nicht gemerkt, was ich dafür aufgebe. Das ist, glaube ich, oft bei besonders erfolgreichen Kindern der Fall, sie sind angetrieben von dem unbewussten Bedürfnis, den Eltern zu gefallen. Und so haben meine Eltern mich geschätzt, mir diese Wertschätzung gezeigt, aber eben auch selbstverständlich von mir erwartet, dass ich alles so mache, wie „man" es macht und sie es für richtig halten und ich habe das auch erstmal fraglos hingenommen, gar nicht realisiert, weil das ja bei allen so war.

Um 1975 entstand dieses Foto:
(v.l.) Rosamma, Joseph, ich, unsere Mutter, Lucyamma

Jasmin im eigenen Hof duftet nicht

Möglichst ich selbst zu sein,
das ist mein größtes Ziel.

In Indien gibt es keine Gymnasien. Die gymnasiale Oberstufe ist in die Colleges integriert. Nach zwei Jahren sogenannter Predegree-Studien erwirbt man einen Abschluss. Etwas stärker, als das mit dem deutschen System von Leistungs- und Grundkursen möglich ist, kann man den Schwerpunkt seiner Predegree-Kurse an seinen Interessen bzw. den Vorstellungen für das weitere Studium orientieren. Da ich die Medizin für mich entdeckt hatte, wählte ich Biologie und Chemie als Schwerpunkte, hatte aber trotzdem auch andere Fächer wie Englisch, Mathe oder Hindi. Das nächstgelegene College befand sich in Thodupuza, etwa 18 Kilometer von Kuninji entfernt. Dorthin kam man entweder mit einem Bus, der in aller Herrgottsfrühe zwanzig bis dreißig Fußminuten von Kuninji entfernt abfuhr, oder mit einem Bus, der deutlich später fuhr, dafür jedoch nur in Vazhitala, also in der Nähe der High School Halt machte und einen noch längeren Fußmarsch erforderte. Seit dieser Zeit kann ich unheimlich schnell zu Fuß gehen, denn es gab an beiden Haltepunkten immer nur diesen einen Bus, mit dem ich pünktlich kam, den durfte ich nicht verpassen. Auf dem Weg zur Bushaltestelle begleiteten mich nur noch ganz wenige meiner High School-Klassenkameraden. Mit steigendem Bildungsgrad wurden es immer weniger Schüler. Das sortierte sich einerseits über die Leistung aus aber auch darüber, wie dringend Familien darauf angewiesen waren, dass ein Kind mitarbeitete und selber Geld verdiente. Bezahlen musste man für das College zwar nur einen kleinen Beitrag, aber der Bus kostete Geld, Bücher brauchte man auch und man verdiente in der Zeit eben nicht.

Ich weiß nicht mehr genau, wann die Schreckensbotschaft uns erreichte. Es muss ungefähr zu dieser Zeit gewesen sein, in der ich mit den Predegree-Studien begann, als mein Bruder verkündete, dass er heiraten würde. Joseph wohlgemerkt, der Priester war und als solcher von der Kirche einige Jahre zuvor nach Deutschland geschickt worden war. Das war ein Skandal! Es gehörte nicht nur zum guten Ton, einen Priester in der Familie zu haben, was bei uns nun nicht mehr der Fall war, ein ausgetretener Priester war peinlich, fast eine Schande! Für die ganze Familie! Joseph hatte noch Glück, das er seinen Entschluss in Deutschland gefasst hatte. In der Gemeinde hatten wir es bis dahin zweimal miterlebt, dass ein Priester überlegt hatte, sein Amt aufzugeben. In einem Fall hatte die Familie einen solchen Druck auf ihn ausgeübt, dass er seine Entscheidung zurücknahm. Dazu trug sicher auch bei, dass ein ausgetretener Priester mit seiner Ausbildung nicht mehr viel anfangen konnte und mittellos wurde. Der zweite hatte seine Entscheidung durchgezogen und seitdem keinen Kontakt mehr zu seiner Familie. Sie wussten nicht einmal, wo er lebte.

Mittlerweile war ich das letzte Kind, das noch zu Hause wohnte. Leelamma war in den Orden Daughters of our Lady of the Gardens eingetreten, Akamma hatte geheiratet und wohnte in Malabar, gut 200 km nördlich von Kuninji, Lucyamma hatte genau wie ich ein Predegree erworben und war zur Krankenschwesterausbildung nach Deutschland gegangen und Rosamma war nach ihrem Predegree nach Mumbai gezogen, um ihre Sprachkenntnisse in Hindi zu perfektionieren. Sie arbeitete später als Reisekauffrau in der Nähe von Dubai.

So war ich der letzte, der sich dem Ruf der Familie entsprechend zu verhalten und eine gewisse Enttäuschung der Eltern auszugleichen hatte. Ich genoss es umso mehr, dass im College Schüler aus zahlreichen Dörfern eines weiten Umkreises zusammenkamen und ich ganz neue Menschen kennenlernen und neue Freunde gewinnen konnte.

Nach dem Predegree konnte man theoretisch sofort mit dem Medizinstudium anfangen, aber dafür musste man sehr sehr gute Noten haben, sonst bekam man keinen Studienplatz. Ohnehin rieten mir alle davon ab, schon mit 17 Jahren mit dem Medizinstudium zu beginnen. Offensichtlich gab es zumindest damals in

Indien ein paar raue Sitten, das sogenannte Ragging, um Erstsemester einzugewöhnen: Bonbons, die Neulingen in Schädeldecken gereicht werden und so etwas. Die Idee dahinter war, dem Studienanfänger die Scheu zu nehmen, insbesondere vor dem Sezieren. Aber wie es mit solchen Bräuchen ist, gingen sie oft zu weit. Das hätte man im zarten Alter von 17 vielleicht gar nicht überstanden. Ein so früher Studienanfang stand dann für mich aber gar nicht zur Debatte, weil meine Noten zwar gut, aber nicht gut genug waren. Das ging den meisten, die Medizin studieren wollten, ähnlich und man belegte dann erstmal Chemie, Biologie oder Zoologie, um sich nach dem Bachelor erneut auf einen Medizinstudienplatz zu bewerben. Ich entschied mich für Chemie.

Schon während der Predegree-Studien hatte das Pendeln von Kuninji nach Thodupuza mich extrem belastet. Es waren nur ungefähr 18 Kilometer, aber mit dem Weg zur Bushaltestelle und der Zeit, die der Bus über die kurvigen engen Straßen bis zur Stadt brauchte, war ich pro Weg leicht zwei Stunden unterwegs. Vier Stunden am Tag, die für den Weg draufgingen! Nun wurde der Stoff anspruchsvoller und ich hatte einfach nicht mehr genug Zeit zum Lernen. So wohnte ich einige Monate bei einem Cousin meines Vaters, der in Thodupuza lebte. Aber dann erlaubten meine Eltern mir zeitweise, mit Jose Pullolickal, einem meiner Freunde aus Kuninji, gemeinsam ein Zimmer in

Thodupuza zu mieten. Wir waren so was von genügsam! Wir wussten, dass unsere Eltern hart arbeiteten, um uns dieses Privileg zu ermöglichen. Unser Zimmer lag in einem lodge, einer ausgesprochen einfachen Unterkunft mit lauter ebenerdigen Zimmern einfachster Bauart mit Gemeinschaftstoiletten. Wir teilten sogar das Bett, da in „unserem" Zimmer nur eins stand. Haltbare Lebenmittel nahmen wir von zu Hause mit: „Achar", also eingelegtes Gemüse, Mangos und andere Früchte. Reis kochten wir selber dazu, wir bemühten uns, zu sparen, wo es nur ging. Wenn wir etwas brauchten, hätten wir die Eltern fragen müssen und das mochten wir natürlich nicht tun.
Trotzdem war es toll! Das erste Mal „ganz alleine", also ohne familiäre Aufsicht zu leben, war einfach schön. Wir hätten es toll gefunden, immer diese Unabhängigkeit zu haben, aber das war gar nicht zu finanzieren, das ging immer nur vorübergehend, wenn besonders viel zu lernen war, Examen anstanden oder der Preis von Kautschuk gerade besonders gut stand. Einige Male, meist wenn mein Bruder mir etwas Geld zugesteckt hatte, gingen wir sogar ins Kino! Das waren großartige Erlebnisse.

In diesen Jahren, beginnend während der Predegree-Studien, vor allem aber in den drei Jahren des Chemie-Bachelor-Studiums, wuchs das Bedürfnis in mir, außerhalb von Indien zu studieren. Ich liebäugelte mit

dem Westen. Ich wollte gerne das Ausland kennenlernen. Ich wollte weg! Verstärkt wurde dieser Wunsch noch von der Tatsache, dass es in Indien nicht einfach war, einen Studienplatz zu bekommen. Wenn ich gezwungen war, außerhalb von Kerala in einem anderen indischen Bundesland zu studieren, kostete das hohe Einschreibegebühren und ich musste eine komplett neue Sprache lernen. Malayalam wurde ja ausschließlich in Kerala gesprochen. Da konnte ich auch gleich weiter weg gehen!
Viele Menschen aus Kerala wanderten aus, um einen besser bezahlten Job zu finden, das Thema war in der Gesellschaft immer präsent. Viele Familien hatten ein oder mehrere Kinder, die im Ausland lebten oder studierten. In den siebziger Jahren gingen besonders viele in die USA, weil es damals noch leicht war, Vater, Mutter und den Rest der Familie nach einiger Zeit dorthin nachzuholen. Mich reizten die USA jedoch nicht so besonders, zumal ein Studium dort gar nicht zu finanzieren war. England lag sprachlich gesehen nahe, aber das medizinische Grundstudium an englischen Universitäten war in Indien nicht gut angesehen, nur das Postgraduiertenstudium hatte einen besseren Ruf. Ohnehin wollte ich nicht zu den Engländern. Ich hatte das Gefühl, dass sie uns Inder nicht respektierten, weil sie die ehemaligen Kolonialherren waren. Da wollte ich nicht hin. Warum ich mich dann für Deutschland entschieden habe, hatte mehrere Gründe. Das

Studium hatte einen hervorragenden Ruf, obwohl es keine Studiengebühren gab. Das war natürlich schon ein ganz wesentlicher Aspekt. Ich hatte aber auch viele Dinge über Deutschland in der Zeitung gelesen, die mich ansprachen. Da ich selber ein guter Sportler war und mich für Sport interessierte, entdeckte ich Deutschland über Sportberichte in der Zeitung. Damals wurde im Zusammenhang mit der Fußballweltmeisterschaft 1978 viel über deutsche Sportler geschrieben. Unter anderem wurde über eine Läuferin berichtet, die mit Pferden trainierte, um ihre Geschwindigkeit zu erhöhen. Diese Leistungsbereitschaft hat mich extrem beeindruckt. Das Foto der sprintenden Frau neben dem Pferd ist mir lange im Gedächtnis geblieben. Auch meine Geschwister Lucyamma und Joseph, die in Deutschland lebten, berichteten auf ihren Heimatbesuchen positiv, sonst hätte ich dort sicher nicht hingewollt. Und die Deutsche Mark war stark. Wenn einer der beiden auf Heimatbesuch nach Indien kam, konnte er sich richtig etwas leisten. Das fand ich natürlich auch sehr verlockend. Alles, was ich von Deutschland mitbekam, faszinierte mich, wobei ich zu diesem Zeitpunkt von der Nazivergangenheit Deutschlands wenig wusste. Das war in Indien, vor allem im Geschichtsunterricht, kein Thema. Finanziell war das natürlich nicht leicht. Zwar gehörten wir im Dorf zu den Wohlhabenderen, aber das war natürlich relativ zu sehen. Meine Eltern wären nicht in der Lage gewesen, mich finanziell groß zu unterstützen, und jede Summe, die sie hätten aufbringen können, wäre vom Wechselkurs nahezu aufgefressen worden. Aber ich wollte das auch gar nicht. Es gehörte für mich zum Weggehen dazu, dass ich mich weitgehend selber finanzierte. Ich wollte einfach auf eigenen Füßen stehen, das war mir ungeheuer wichtig.

Raus.

Guten Tag. Danke. Scheiße.

Als ich aus Indien kam,
musste ich mich total auseinandernehmen, anschauen,
putzen und ganz neu wieder zusammensetzen.
Und seitdem passiert das regelmäßig.
Ich bin nicht stur verfestigt, weder in Indien noch hier.
Ich jongliere.
Ich sage nie: „Das ist die einzig gültige Wahrheit"
oder „Das ist normal".
Dann hört man auf zu denken.

Am 18. Februar 1980 landete ich bei Kälte und bedecktem Himmel auf dem Flughafen in Frankfurt. Als erstes bin ich meinen Namen losgeworden. Julian Simon Pendanathu House stand in meinem Pass. Die Grenzbeamten hielten Pendanathu House, meinen eigentlichen Familiennamen, für einen Teil der Adresse und Simon für meinen Nachnamen. Das wurde entsprechend in irgendwelche offiziellen Dokumente eingetragen, ich war von der langen Reise viel zu müde, um groß zu protestieren, zu durcheinander von meiner ersten Flugreise und sprach auch kein Deutsch. Seitdem heiße ich so und eigentlich bin ich damit sehr zufrieden. Der einzige Name, der mir wirklich wichtig ist, ist Julian. Das ist mein eigener, alles andere ist Anhängsel und Simon ist als Nachname definitiv praktischer als Pendanathu. Allerdings ahnte ich zu diesem Zeitpunkt auch noch nicht einmal ansatzweise, als wie prophetisch sich die Geburt eines neuen „Ich" in diesem fremden Land erweisen sollte.

Julian Simon, 1980,
gerade in Deutschland angekommen.

Mein Bruder Joseph hatte sich von Lüdenscheid aus nach Frankfurt auf den Weg gemacht, um mich abzuholen. Es war kalt und diesig, ich war vollkommen übernächtigt und staunte durch den Nebel meiner Müdigkeit und den grauen Dunst draußen die Umgebung, die hinter den Autofenstern an mir vorbeizog, an. Ich begriff nicht, was ich sah. Ich hatte doch immer gehört, dass Deutschland ein reiches Land war. Aber wo waren sie denn, die Kautschukbäume und Kokospalmen - die Pflanzen, die in Kerala ein sicheres Einkommen garantierten? Von der Autobahn aus sah man nur Wald, ab und zu ein Gebäude. Wo sollte da der Reichtum sein?

Im Haus meines Bruders in Lüdenscheid gab es ein Gästezimmer im Keller, in dem ich bald nach meiner Ankunft ins Bett fiel, etwas verunsichert von diesem grauen Land, in dem ich noch keine einzige Kokospalme gesichtet hatte. Als ich aber am nächsten Morgen aufwachte, konnte ich kaum glauben, was ich vor dem ebenerdigen Fenster des Gästezimmers sah: Alles war weiß! Am Vortag hatte alles düster ausgesehen und nun glitzerte es draußen so weiß, dass es blendete. Das war mein erster Eindruck von Schnee.

Die ersten Tage und Wochen waren unglaublich hart. An meinem ersten Tag habe ich mich auf die Klobrille gehockt. In Indien ist das Klo auf dem Boden, was anatomisch gesehen für die Verdauung viel besser ist. Ich habe nicht verstanden, warum man hier erst so mühsam auf das Klo klettern musste? Und wo war die Schüssel, um sich anschließend zu reinigen? Ich hatte noch nie mit Messer und Gabel gegessen. Wir essen eben mit der Hand und es ist sicher genauso schwierig zu lernen, mit einer Hand die Reisbällchen zu formen und mit Soße zu mischen, wie mit Messer und Gabel zu essen. In Indien war ich in meiner Umgebung angesehen gewesen, das Vorzeigekind, das Vorbild. Und nun saß ich hier, konnte die Sprache nicht, hatte kein Geld und musste die grundlegendsten Sachen wie zum Klo gehen und manierlich essen neu lernen. Ich war wieder wie ein kleines Kind. Vollkommen auf Joseph, Lucy und meine Schwägerin Karin angewiesen.

Joseph gab mir zwei Sachen mit auf den Weg: „Hier in Deutschland **bist du frei**. Niemand schreibt dir vor, was du zu tun hast. Das ist vorbei. Und daraus folgt: **Du bist hundertprozentig für dich verantwortlich.**“ Puh. Das Wort frei habe ich damals nicht verstanden, Verantwortung schon.

Wenn mir alles zu viel wurde, zog ich mir Sportschuhe an und ging joggen. Sport wurde mein Ventil. Wenn ich in dem kleinen Wald, der sich in der Nähe des Hauses befand, angekommen war, heulte ich manchmal und schrie laut, wobei ich ständig Ausschau nach Passanten hielt, oder schrieb mir seitenweise die Wut vom Leibe. Ich hatte eine solche Wut in mir. Eine Wut, dass ich wieder wie ein kleines Kind war. Wut auf meine Eltern, dass sie mir nie die Möglichkeit gegeben haben, mich frei zu entwickeln. Ich nahm wahr, welche Freiheiten die Jugendlichen in Deutschland hatten, dass sie ihre eigenen Interessen finden und entwickeln durften. Pubertät? Das gab es in Indien einfach nicht. In unserem Dorf war alles genau geregelt gewesen und jetzt kam ich in ein total anderes Gefüge, in dem viel weniger vorgegeben war und wenn Regeln galten, waren es vollkommen andere, als ich gewöhnt war. Das war einerseits unglaublich befreiend. Es zeigte mir aber auch, was ich alles verpasst hatte. Der Wald war meine Zuflucht. Eines der ersten Wörter, das ich lernte, war das Wort „Scheiße". Wie die meisten Kinder am ersten Kindergartentag. Es war so befreiend, das rauszubrüllen, um meine Wut und meine Aggressionen loszuwerden. Und immer wieder habe ich alles aufgeschrieben, was mich belastete, was mich beschäftigte, alle meine Gedanken zu Papier gebracht. Beim Schreiben und beim Laufen habe ich mich abreagiert, versucht, Wut und Trauer zu bewältigen.

Das war wahnsinnig anstrengend, nicht nur für mich sondern auch für Joseph und Karin, die mir helfen wollten, möglichst rasch auf eigenen Beinen stehen zu können, wieder erwachsen und selbstständig zu werden, und für Lucy, die ein bisschen ausgleichend wirken wollte. In dieser aufwühlenden Lebensphase, in der mein Bruder eher die strenge Erziehungsmethode verfolgte, war Lucy der ruhende Pol. Ihre freundliche und lockere Art richtete mich immer wieder auf. Zu Joseph und Karins Programm gehörte, dass sie ausschließlich deutsch mit mir sprachen. Mein Bruder hat mir später mal erzählt, dass das ganz furchtbar für ihn war. Schließlich waren wir doch beide Inder und wollten ja auch unsere Herkunft nicht verleugnen. Aber er glaubte eben, dass er mir am besten half, indem er sehr konsequent nur deutsch mit mir sprach. Er sprach auch wirklich gut, dass war bei seinem Beruf einfach unverzichtbar. Als er noch Priester gewesen war, hatte er ja predigen müssen und später, nach der Hochzeit, hatte er eine Weiterbildung zum Psycho- und Familientherapeuten gemacht, auch da war die Sprache enorm wichtig. Er wusste aus eigener Erfahrung, dass alles andere von der Sprache abhing. Daher hat er unheimlich darauf geachtet, dass ich gut Deutsch lernte. Und neben der deutschen Sprache auch die deutsche Mentalität kennenlernte. Einmal fuhren wir zusammen mit dem Auto nach Hamburg und er sprach auf dem ganzen Weg kein einziges Wort mit mir. Für einen Inder ist das unvorstellbar. Ich wurde innerlich unruhiger und unruhiger. Warum redete er nicht mit mir? Was hatte er gegen mich? Nachdem wir unser Ziel erreicht hatten, stellte er den Motor ab, drehte sich zu mir um und sagte: „So ist das manchmal in Deutschland. Das bedeutet nicht, dass die Leute etwas gegen dich haben, sie sind nur gerade mit anderen Dingen beschäftigt oder wollen ihre Ruhe haben." Das hatte er mir demonstrieren wollen, damit ich die andere Geistes- und Gemütsart kennenlernte. Von Karin lernte ich deutsche Manieren, Tischsitten, das Benehmen in einer Gesellschaft, die von vollkommen anderen Gebräuchen geprägt war.

Joseph und ich haben unendlich viel diskutiert. Gerade in den ersten Wochen hatte ich noch das Bedürfnis, die indische Kultur, die Erziehung unserer Eltern und unsere Herkunft im Allgemeinen um jeden Preis hochzuhalten, zu verteidigen und alles, was ich an Einstellungen und Ideen mitbrachte, zu rechtfertigen. Mein Bruder bescheinigte mir regelmäßig, ich hätte die Denkfähigkeit eines Vierzig-, jedoch die Selbstständigkeit eines Vierjährigen. Ich stelle mir heute vor, wie schwierig das für ihn war. Denn heute weiß ich, dass das „sich Rechtfertigen" der größte Feind von Fortschritt und Wachstum ist.

So ein Mentalitätswechsel kostet unglaublich viel Kraft. Jeder Moment des Tages war anstrengend. Zum Glück hatte ich keine Probleme mit deutschem Essen, ich aß alles bis auf Stinkkäse. Den mag ich heute noch nicht. Ich hatte einen solchen Energiebedarf! Ich habe manchmal unter Karins und Josephs ungläubigen Augen fast einen ganzen Laib Brot zum Abendbrot gegessen. Bierschinken war meine Lieblingswurst.

Der Druck nahm noch zu, als die beiden vier Wochen nach meiner Ankunft auf Heimatbesuch nach

Indien flogen. Ich war allein im Haus und trug die volle Verantwortung für mich, das Haus und den Hund Ganesh. Ich hatte noch nie einen Hausschlüssel auch nur besessen und nun musste ich ohne jeden Aussetzer dran denken, ihn immer mitzunehmen. Für einen Deutschen war das selbstverständlich. Für einen Inder von 21 Jahren, der bis dahin komplett umsorgt worden war, noch nie selber eingekauft, Wäsche gewaschen oder mehr als Reis gekocht hatte, war das eine unheimliche Verantwortung und Herausforderung. In einem fremden Land. Dessen Sprache ich nicht beherrschte. Guten Tag. Danke. Scheiße.

Meine Deutschkenntnisse erweiterten sich aber stetig. Ich lernte einen Freund der Familie kennen, den ehemaligen Geschäftsführer von Brandt-Zwieback in Hagen. Seine Frau war vor kurzem verstorben und Lucy, die ja Krankenschwester von Beruf war, hatte sie lange gepflegt. So war der Kontakt zustande gekommen. Dieser Mann war ein Indien-Fan. Er hatte das Land mehrfach besucht und war fasziniert davon. Er nahm mich häufig zu Spaziergängen mit und brachte mir dabei die Namen von allen möglichen Dingen, die man auf dem Weg sah, bei. Bei jedem Gang lernte ich bestimmt zwanzig neue Wörter, die er immer wieder abfragte, bis ich sie auswendig konnte. Da er bereits in Pension war, hatte er Zeit, mir alles geduldig zu erklären. Das war mein erster Deutschunterricht.

Anfang April 1980 begann mein Sprachkurs, ein fünfmonatiger Deutschkurs im Goetheinstitut in Iserlohn, den meine Geschwister bezahlten. Nachdem ich kurze Zeit im Bahnhofshotel in Iserlohn gewohnt hatte, fand ich ein Zimmer bei einer Familie, die regelmäßig an Sprachstudenten vermietete. Ich wohnte zwar alleine in meinem ausgebauten Kellerraum, war aber alles andere als einsam. Es war Frühling in Deutschland, eine herrliche Zeit. Ich erinnere mich noch daran, wie ich das erste Mal bei Sonnenschein im Wald spazieren ging und dachte, ich sei im Paradies gelandet. Die Sonne war da, alles leuchtete, aber trotzdem war es nicht unerträglich heiß, sondern sehr angenehm. Herrlich!

Ich habe unheimlich viel mit den anderen Sprachschülern zusammen unternommen, wir haben eng zusammen gehalten. Wir wollten die Zeit ja auch genießen, waren alle neu in der Stadt und kannten niemanden. Jede freie Minute haben wir genutzt, aber davon gab es gar nicht so viele, denn der Kurs fand vormittags und nachmittags statt, ein Intensivkurs. Theoretisch konnte man nach fünf Monaten viel, hatte eine große Menge Grammatik im Kopf, aber sprechen war noch schwierig. Ich habe lange mit den Umlauten gekämpft. Lüdenscheid, könnte, diese Wörter gingen gar nicht. Aber ich hatte einen sehr guten, energischen Lehrer, der mit Händen und Füßen sprach und den ich sympathisch fand, das erleich-

terte das Lernen ungemein. Er war nicht nur nett, so dass man Lust hatte, zu lernen, er konnte auch sehr gut erklären. Auch die anderen Kursteilnehmer waren nett, eine buntgemischte Gruppe aus Japanern, Polen und noch vielen anderen Nationen. Zwei weitere Inder waren ebenfalls dabei, Dani, der aus dem Nachbarbundesstaat von Kerala kam, mit ihm verstehe ich mich bis heute super. Der zweite war ein Priester, zu dem ich aufgrund meiner beginnenden massiven Zweifel an dem Wertesystem, in dem ich groß geworden war, lieber Abstand hielt. Manchmal kamen auch Bekannte oder Freunde meines Bruders vorbei und nahmen mich mit, wenn sie zu einem Ausflug aufbrachen. So habe ich z.B. Aachen kennen gelernt. Und wenn mir trotzdem alles zu viel wurde, gab es zum Glück auch in Iserlohn einen Wald, in dem ich Laufen, Rufen und Schreien konnte. Einmal hatte ich meine Jacke über eine Bank am Waldrand gehängt, weil es so warm war, bevor ich in den Wald lief. Hier war schließlich das reiche Deutschland mit ehrlichen Menschen, da stahl doch niemand! Aber als ich wiederkam, war die Jacke weg... einfach weg!
Meine Geschwister unterstützten mich in dieser Zeit finanziell. Die Abhängigkeit und das viele Neue, das auf mich einstürmte, womit ich klarkommen musste, das war schon schwierig. Hart, ja verdammt hart. Aber ich hatte plötzlich die Möglichkeit, alles zu hinterfragen, was ich bis dahin einfach als gegeben hingenom-

men hatte. Ich habe meine ganze Person auseinandergebaut und neu zusammengesetzt. Ich habe mich auseinandergenommen, jedes Teil angeschaut, geputzt und ganz neu wieder zusammengesetzt. Ich durfte eine unglaubliche Entwicklung durchmachen in dieser Zeit, die ganze Entwicklung, die mir ins Korsett der indischen Gesellschaft gepresst gar nicht möglich gewesen wäre. So schwer es war und so viel Wut und oft auch Leid damit verbunden war, es war für mich auch eine Chance, wahrhaft frei zu sein, ein Glück.

Daher möchte ich diese Zeit, die anstrengendste Zeit meines Lebens, nicht missen. Auch empfinde ich es als große Bereicherung, dass ich jetzt eben in zwei Kulturen zu Hause bin und mich in zwei Kulturen bewegen kann.

Der Weg liegt in dem Mut

Ausländer und Frauen haben etwas gemeinsam.
Sie müssen mehr leisten, um anerkannt zu werden.

Zum Glück hatte ich einen guten Bekannten, d.h. es war ein guter Freund meines Bruders, der sich mit dem Uni-System in Deutschland auskannte und mir half, mich auf Studienplätze zu bewerben. Es gab zwar die Zentrale Vergabestelle für Studienplätze, aber man konnte oder musste sich daneben auch noch direkt bei den Unis bewerben. Das war ein hochkompliziertes Verfahren, das nicht einmal alle Deutschen ganz durchschauten, und ich war sehr froh, dass mich jemand dabei unterstützte. Auf Studienplätze konnte man sich schon während des Deutschkurses bewerben. Wenn man Glück hatte und einen Platz bekam, geschah das unter dem Vorbehalt, dass man die Deutschprüfung, die sogenannte Sprachaufnahmeprüfung, schaffte. Nur dann durfte man das Studium auch wirklich antreten. Zunächst bekam ich nur einen Studienplatz für Chemie in Würzburg. Sehr wählerisch konnte ich nicht sein, denn ein Studienplatz war die Voraussetzung dafür, dass ich ein Studentenvisum beantragen und eine längere Aufenthaltserlaubnis für Deutschland bekommen konnte. Bis dahin hatte ich zuerst ein Besuchervisum gehabt, das drei Monate gültig gewesen war. Ich hatte es verlängern können, aber nur unter der Bedingung, dass ein Deutscher dafür bürgte, dass ich dem deutschen Staat keine Kosten verursachte. Das hatte Karins Mutter, die Schwiegermutter meines Bruders, netterweise getan. Ich denke, dass meine Schwester es nicht selber durfte, weil sie als Krankenschwester unter einer gewissen Einkommensgrenze lag, die man als Bürge haben musste.

Nun hatte ich also einen Studienplatz in Würzburg, kannte dort niemanden und hatte keine Unterkunft. Ich hatte auch keine Ahnung, wie man in Deutschland ein Zimmer findet. Mein Bruder warf mich ins kalte Wasser, er wollte ja, dass ich möglichst rasch auf eigenen Füßen zu stehen kam. „Fahr mal dahin und guck dich um“, war alles, was er mir mitgegeben hat. Tja, was habe ich getan? Bin in Würzburg auf den Domplatz gegangen und habe die Vorbeigehenden angesprochen: „Entschuldigung, haben Sie ein Zimmer für mich oder wissen Sie von einem Zimmer?“ Viele reagierten komisch, aber das motivierte mich nur, noch freundlicher aufzutreten. Mit einem langen Gesicht konnte man keine gute Antwort erwarten. Das zumindest ist überall auf der Welt gleich. Irgendwann schickte mich jemand zu einem Kloster, ich sollte nach einer bestimmten Nonne fragen. Diese war total freundlich und half mir tatsächlich, ein Zimmer in einem Studentenwohnheim zu organisieren. Im Nachhinein weiß ich, dass es eine sehr undeutsche Art war, ein Zimmer zu finden - aber es hat funktioniert.

Das hat mir nochmal eindrucksvoll bewiesen, dass man ein Ziel nur erreicht, wenn man sich etwas traut. Mein Mut, auf wildfremde Menschen zuzugehen und sie ohne große Berührungsängste anzusprechen, wurzelt aber nur zum Teil in meiner indischen Herkunft. Das ist vor allem etwas, was mein Vater mir beigebracht hat. Er lebte von Kommunikation. Wenn wir zusammen unterwegs waren, hat er jeden am Straßenrand angesprochen: „Was machst du gerade, was ist das, was du da hast?" Er war interessiert an Menschen und Dingen gleichermaßen und hat durch seine große Kommunikationsgabe viele Verbindungen geschaffen und Menschen bewegt. Das ist ein wirklich gutes Erbe.

Von Würzburg aus habe ich das ersehnte Studentenvisum beantragt, das die Abhängigkeit von meiner Familie drastisch minderte, und mich weiter um einen nicht weniger heiß ersehnten Medizinstudienplatz beworben.

In meinen ersten Semesterferien arbeitete ich in einer Firma, die Teile für die Autoindustrie zulieferte. Dieser Betrieb gehörte zum Teil Karins Familie. Das war die erste „geregelte" Arbeit meines Lebens: Autoteile in Fließbandarbeit zu produzieren. Wenn ich die monotone Arbeit nicht mehr aushielt, die immer gleichen Bewegungen an der Stanze, das hohe Arbeitstempo, verließ ich meinen Platz am Band und machte ein bisschen Gymnastik oder lief eine Weile herum. In den ersten Tagen sagte niemand etwas dazu, schließlich gehörte ich doch fast zur Familie. Aber nach einer Woche wurde mir doch klar gemacht, dass es so nicht ging... So habe ich kennengelernt, was Arbeit in Deutschland bedeutet: Das Band gibt den Takt vor. Mein Bild von Deutschland war von drei Aspekten geprägt gewesen: dem Reichtum, den meine Geschwister mit der Deutschen Mark mitbrachten, der Qualität der Produkte „Made in Germany" und der Leistungsbereitschaft, die für mich die mit den Pferden trainierende Läuferin verkörperte. Alle drei Aspekte hatte ich aber immer isoliert voneinander wahrgenommen und nicht in Verbindung gebracht. Nun merkte ich, dass Deutschland wirklich ein reiches Land war, ein Land, in dem biblisch gesprochen Milch und Honig flossen. Aber bevor man den Honig bekam, musste man hart arbeiten. Das war mir vorher nicht klar gewesen. Ich dachte, der fließt einfach so. Nun begann ich, zu ahnen, worauf der Reichtum in Deutschland beruhte, woher Milch und Honig flossen. Jedenfalls änderte ich notgedrungen meinen Arbeitsstil und machte keine Pausen außer der Reihe mehr.

Auf meine Bewerbungen um einen Medizinstudienplatz kamen nur Absagen. Eine Absage nach der anderen. Aus Gesprächen mit älteren Kollegen weiß ich, dass die Generation indischer Studenten, die vor mir ins Land kam, ganz anders empfangen worden ist.

Damals herrschte enormer Ärztemangel in Deutschland und alles war einfacher, die Aufenthaltsgenehmigung, der Studienplatz. 1980 hatte sich das Bild deutlich gewandelt, es drohte ein Ärzteüberschuss. Da hatte niemand auf uns gewartet, und das bekam ich auch deutlich zu spüren. Nach einer gewissen Zeit fand ich es so frustrierend, all diese Absagen lesen zu müssen, dass ich begann, die Umschläge ungeöffnet wegzuwerfen. Immer das Gleiche: Kein Platz! „Es tut uns leid, Ihnen mitteilen zu müssen...bla bla bla." Ich wollte einfach nicht noch eine Absage lesen.

Auch den Brief von der Universität Erlangen habe ich ungeöffnet in den Papierkorb geworfen. Aber plötzlich überkam mich irgendein Impuls, ich weiß nicht, woher. Jedenfalls habe ich den Umschlag wieder aus dem Müll gefischt und den Bescheid gelesen. **Und da war es eine Zusage! Erlangen!** Ich wusste nicht einmal, wo das lag, ahnte aber schon, dass es nicht direkt in der Nähe von Lüdenscheid zu finden sein würde, was ja nach wie vor mein Anlaufpunkt in Deutschland war, wo ich Weihnachten verbrachte, Familie hatte. Aber das war vollkommen zweitrangig. **Hauptsache, ein Studienplatz in Medizin!** Ich war so froh, den zu haben. Alles andere war uninteressant.

Ich fuhr sofort mit dem Zug nach Erlangen, erkundigte mich dort nach Wohnheimen und bewarb mich um einen Wohnheimplatz - so schnell hatte ich die deutsche Art, ein Zimmer zu organisieren, gelernt. In dem Büro der Wohnheimverwaltung traf ich zwei weitere Inder, Mathew, der ebenfalls aus Kerala stammte, und Raj aus Rajasthan. Ich war der jüngste von uns dreien - die beiden wurden für mich zu Brüdern, wir konnten uns gegenseitig stützen und schauen, wie man weiter kommt, wir gingen in der Folgezeit gemeinsam durch Dick und Dünn und haben heute noch ein inniges Verhältnis.

Ich hatte die Sprachaufnahmeprüfung für die Universität zwar im ersten Anlauf bestanden, aber ich wusste genau, dass mein Deutsch noch nicht gut genug war, insbesondere jetzt, wo ich endlich einen Medizinstudienplatz hatte und in Deutschland als Arzt tätig werden sollte. Ich wollte zwar nach dem Studium wieder zurück nach Indien, aber zuvor musste man ja jede Menge Famulaturen, Praktisches Jahr usw. machen, also schon als Arzt gearbeitet haben, bevor man die Zulassung bekam. Daher meldete ich mich in Erlangen bei der Volkshochschule für einen weiteren Deutschkurs an. Im Kurs entstand die Idee, gemeinsam Theater zu spielen. Unsere Lehrerin, Dr. Ute Hung, ermunterte uns dazu: Nirgends würde man besser Deutsch und vor allem deutsch sprechen lernen, als auf der Bühne. Sie übernahm die Regie. So kam ich zum Theaterspielen und das war wirklich eine unvergleichlich gute Schulung und machte zudem noch riesigen Spaß. Bei unserer ersten Aufführung,

Text pauken, d-e-u-t-l-i-c-h- sprechen, was für eine Herausforderung! Bei der Aufführung von Dürrenmatts „Der Besuch der alten Dame“, Anfang der achtziger Jahre.

„Die Ehe des Herrn Mississippi“ von Friedrich Dürrenmatt, spielte ich sogar die Hauptrolle. Den Text auswendig lernen, deutlich sprechen, eine größere Herausforderung konnte es sprachlich gar nicht geben. Auch die Erfahrung, sich in einen anderen Menschen hineinzuversetzen, faszinierte mich. Die vielen Proben und das immer wieder notwendige Üben des Textes kosteten allerdings auch sehr viel Zeit. Da war ich schon gut beschäftigt. Und Theater spielen war bei Weitem nicht das Einzige, was ich neben dem Studium machte. All das, was man sonst vielleicht während der Pubertät ausprobiert, die bei mir ja „ausgefallen“ war, holte ich nach. Überall wollte und musste ich dabei sein. Ich war zusammen mit Mathew und Raj in unserem Studentenwohnheim aktiv als Tutor, also dafür zuständig, für gute Stimmung zu sorgen, Feste zu organisieren und sich allgemein um das gute Zusammenleben zu kümmern. Ich wurde sogar zum Senior gewählt, das ist sozusagen der „Präsident“ unter den Tutoren. Ich war der einzige Ausländer in dem Studentenwohnheim, in dem 80% Deutsche und 20 % internationale Studenten wohnten, der je auf diesen Posten gewählt worden war. Damit war ich der nächste Ansprechpartner nach dem Heimleiter und durfte, zumindest formal, auch darüber mitbestimmen, wer in das Heim aufgenommen wurde. Wir ließen T-Shirts für alle Bewohner des Heimes drucken und ich sorgte dafür, dass unsere Theatergruppe dort auftreten konnte. Einmal haben wir unten im Flur für den nächsten Auftritt geprobt. Einem Mitbewohner passte das nicht, er kam mit dem Aufzug runter gefahren, schrie wütend los, kaum dass sich die Aufzugtür geöffnet hatte, was wir hier eigentlich machten? Mit diesem Auftritt passte er geradezu perfekt in das Stück, das war so komisch! Wir haben Tränen gelacht, was ihn nicht wirklich besänftigte.

Ich bewarb mich sogar mal für den Ausländerbeirat der Stadt Erlangen, bin aber nicht gewählt worden. Glücklicherweise fehlten mir am Ende ein paar Stimmen, das war wahrscheinlich auch gut so. Politik interessierte mich zu der Zeit einfach sehr, manchmal bin ich morgens aufgestanden, habe etwas in der Zeitung gelesen, z.B. über Gorbatschow und das hat mich dermaßen interessiert, dass ich mich anschließend intensiv damit beschäftigte, versuchte, mehr darüber rauszufinden, Zusammenhänge und Entwicklungen zu ergründen und nachzuvollziehen. Ich war einfach fasziniert und dieser Faszination wollte ich nachgeben. Ich lebte zum ersten Mal meine Interessen aus. Das hat sich auch in der Entwicklung meiner Haltung zur Kirche wiedergespiegelt. Ich ging nach wie vor jeden Sonntag zur Kirche. Ich hätte ein schlechtes Gewissen gehabt, nicht zu gehen. Nein, nicht nur ein schlechtes Gewissen, die Vorstellung, nicht in die Kirche zu gehen, löste sogar Angst bei mir aus, so eingeimpft war die Pflicht zum Messbesuch von meiner

Familie aber auch von der Kirche selber. Ich hätte mich nicht getraut, den Sonntagsgottesdienst ausfallen zu lassen. Gleichzeitig ärgerte mich das aber auch, mir gefiel die Messe nicht immer und oft war es eine lästige Pflicht, zu gehen. Dann hatte ich eine Idee: Ich habe angefangen, z.B. mittwochs in die Kirche zu gehen und dafür den Sonntag auszulassen. So konnte ich mein schlechtes Gewissen überlisten. Ich habe mich quasi selber desensibilisiert. Und irgendwann bin ich zunehmend nur noch gegangen, wenn ich selber wirklich wollte, nicht weil ich das Gefühl hatte, einer Pflicht nachkommen zu müssen, und habe mir auch ausgesucht, wohin ich gehe. Manchmal habe ich einen guten Freund, Mathias, der evangelisch war, begleitet. Die Schlichtheit des protestantischen Gotteshauses sagte mir sehr zu.
Natürlich habe ich auch viel mit anderen Studenten gefeiert, indischen, die für mich zu einer Art Ersatzfamilie wurden, aber auch vielen nichtindischen. Oft haben wir uns zum gemeinsamen Kochen und miteinander reden oder spielen getroffen. Meine Tage wären auch ohne Studium gut ausgefüllt gewesen.

Hinzu kam, dass ich mein Studium zunehmend alleine finanzierte und immer weniger Unterstützung von meinen Geschwistern in Anspruch nehmen wollte. Von meinen Eltern nahm ich gar kein Geld. Zum einen wäre es von Indien aus durch den schlechten

Indische Kommilitoninnen und Kommilitonen, meine „Ersatzfamilie" (v.l.): Lysamma, Dennis, ich, Teresa, Raj und Vicky.

Mein Wohnheimnachbar und bis heute einer meiner besten Freunde: Manos aus Griechenland.

Wechselkurs sinnlos teuer gewesen, meine Eltern hätten ein Grundstück oder anderen Besitz verkaufen müssen und das wollte ich auf keinen Fall. Ich wollte ja dorthin zurück und war selber daran interessiert, dass der Besitz dort erhalten blieb. Zum anderen ging das aber auch gegen meinen Stolz. Ich wollte nicht mehr abhängig von anderen sein. Schon im zweiten Semester habe ich mit Nachtwachen angefangen, das wurde meine wichtigste Einnahmequelle. Zunächst arbeitete ich nur in den Semesterferien, später schob ich auch im Semester an den Wochenenden Nachtwachen. In der Regel war ich in der Kopfklinik, der Neurologie oder der Psychiatrie. Dort lernte man enorm viel für die Praxis, z.B. wie man gelähmte oder sehr übergewichtige Patienten ganz alleine bewegte, da brauchte man schon gewisse Techniken, Geduld und Fingerspitzengefühl. Ich war eigentlich dankbar, wenn die Nächte unruhig waren, dann war es einfacher, wach zu bleiben und die Zeit ging schneller vorbei. Wenn wenig los war, musste man schon manchmal darum kämpfen, nicht einzuschlafen. Ich arbeitete auch als Hilfsarbeiter auf dem Bau, Speis anrühren, Bier holen, was gerade anlag. Ich war körperlich alles andere als stark, dafür aber zäh. Wenn andere eine Ladung Steine auf einen Schlag wegtragen konnten, musste und wollte ich dafür mehrmals gehen, um meinen Rücken zu schonen, hielt aber länger durch als sie. So glich sich das wieder aus. Ich habe an einer

Niederlassung der Firma A.T.U. mitgebaut. Dabei ging es mir nicht nur um das Geld, ich wollte auch die Gesellschaft kennenlernen. Nur im Krankenhaus zu sein ist ja doch sehr einseitig, eine Art Monokultur. Ich machte auch Inventur in Kaufhäusern. Das war alles sehr interessant und spannend, aber im Endeffekt waren Nachtwachen doch besser bezahlt und brachten mir wichtige Erfahrungen für das Studium und den späteren Beruf, daher arbeitete ich überwiegend dort. Ich bekam auch Geld für meine Tätigkeit als Tutor. Manchmal ärgerten die deutschen Studenten sich, dass wir Ausländer diese Ämter innehatten und dafür Geld bekamen. Dann bewarben sie sich selber dafür, gaben es aber in der Regel nach einem Semester wieder auf. Dieses Amt brachte soviel Arbeit mit sich, dass sich das finanziell gesehen überhaupt nicht rechnete. Es kostete sehr viel Zeit, vor allem wenn Deutsche das machten, die alles immer perfekt organisierten, hier wurde ein Zettel aufgehängt, in dem man sich eintragen konnte, dort akribisch Strichliste geführt, da hatten wir eine etwas andere Herangehensweise... Funktionierte auch!

Wenn ich frei, also keine Veranstaltungen hatte und auch nicht zu arbeiten brauchte, bin ich viel gereist, zunächst nur durch Europa, denn für einen Flug nach Indien hatte ich kein Geld und ich hatte auch Angst, dass ich zu sehr Heimweh bekommen würde. So habe ich meine Schwester in Italien besucht, war mit der

Theatertruppe in Holland und Belgien und habe mich alleine nach Oxford und Cambridge auf den Weg gemacht. Die Berühmtheit dieser Städte reizte mich schon, auch wenn ich dort nicht studieren wollte.

Wenn man bedenkt, wie weit mein Weg zum Medizinstudium war, im wörtlichen und im übertragenen Sinne, hat es mich in den ersten Semestern eigentlich erstaunlich wenig beschäftigt. Das ist umso verwunderlicher, als ich das Studium der Medizin wirklich liebte. Es war genau das, was ich mir immer erträumt hatte. Aber ich war viel zu sehr mit mir selber beschäftigt, damit, zum ersten Mal in meinem Leben wirklich meinen Interessen nachgehen zu dürfen, mich selber als Person entwickeln zu dürfen. So gesehen war ich trotz meiner 21 oder 22 Jahre eigentlich noch nicht wirklich reif. Das sollte sich in den ersten Examina böse rächen. Durchs Physikum fiel ich im ersten Anlauf prompt durch. Natürlich lag das nicht ausschließlich daran, dass mich neben dem Studium so viele andere Dinge beschäftigten und in Beschlag nahmen. Ich hatte auch mit der Anpassung zu kämpfen, der Sprache, dem Heimweh, das mich von Zeit zu Zeit überfiel, dem Umfeld, das mir immer mal wieder furchtbar fremd vorkam. Besonders erinnere ich mich in dem Zusammenhang an mein erstes Praktikum. Im Studium stand ziemlich zu Beginn ein Krankenpflegepraktikum in einer Klinik. Das sollte dazu dienen, die zukünftigen Ärzte mit den Abläufen in einem Krankenhaus vertraut zu machen und vielleicht auch, sie dafür zu sensibilisieren, was bestimmte Anordnungen oder Verschreibungen im Klinikalltag bedeuten. Ich hatte zwar Glück und stieß auf nette Krankenschwestern, die mir einige Aspekte der Patientenversorgung und auch das Betten machen zeigten. Trotzdem habe ich überwiegend geputzt. Jede Ecke und jeden kleinsten Winkel habe ich geputzt und das jeden Tag von Neuem. Das war verdammt hart. Wir haben nie so penibel geputzt in Indien und die Deutschen putzen immerzu, ständig. Ich war manchmal kurz davor, den Lappen in die Ecke zu pfeffern. Bei uns zu Hause wurde gefegt, das war es. Und dafür war ich als Junge nicht zuständig... Das war keine schöne Zeit für mich, es war unglaublich fremd, aber sicher eine wichtige Erfahrung. Ich muss aber auch ehrlich sagen, dass ich einfach nicht genug für das Physikum gelernt hatte. Ich hatte vollkommen falsch eingeschätzt, was man wissen muss, und einfach nicht genug Zeit gehabt. Vielleicht hatte auch ein kleines bisschen im Hinterkopf noch der alte Julian Simon gespukt, das Vorzeigekind aus Kuninji, das überall leicht durchkam, noch nie durch eine Prüfung gefallen war und es gar nicht nötig hatte, so viel zu pauken… Will ich nicht ausschließen.

Damals las ich das Buch „Hilf dir selbst, sonst hilft dir keiner“ von Josef Kirschner, das mir wieder Halt

1985 kehrte ich das erste Mal seit Beginn des Studiums in meine Heimat zurück. Anlass war die goldene Hochzeit meiner Eltern, zu der die ganze Großfamilie zusammenkam.

Während meines Besuches in Kuninji mit Lucy und Leelamma.

und neuen Mut gab. Im zweiten Anlauf habe ich das Physikum dann zum Glück bestanden.
Aber durch das erste Staatsexamen fiel ich ebenfalls durch und zwar nicht nur einmal, sondern gleich zweimal! Nun hatte ich nur noch einen einzigen Anlauf frei, denn man durfte das Examen nur zweimal wiederholen. Fiel man dann nochmal durch, hatte man endgültig nicht bestanden. In meinem Fall hätte das bedeutet, dass ich mein Studentenvisum verloren hätte, meine Aufenthaltsberechtigung für Deutschland erloschen wäre, ich hätte postwendend meine Koffer packen und ohne Ausbildung nach Indien zurückkehren müssen. Das wäre ein so großes Desaster nicht nur für mich, sondern auch für meine Familie gewesen, das war gar nicht vorstellbar. Das durfte nicht passieren. **Das durfte mir auf keinen Fall passieren.**
„Du willst die Prüfung gar nicht bestehen!“, warf Schwägerin Karin mir an den Kopf. Im ersten Moment war ich entsetzt und beleidigt. Aber nach ein paar Tagen kam ich ins Grübeln. Hatte sie einen Kern getroffen?

Ich kann kaum beschreiben, welche Mühe es mich gekostet hat, für den dritten und letzten Anlauf zum ersten Staatsexamen zu lernen. Zum einen beschäftigte ich mich, wenn ich mich einem Thema widmete, gerne ausführlich damit, lernte in die Tiefe, wollte das ganz genau ergründen. Diese Zeit fehlte dann natürlich für anderen Stoff. Und für das ganz stumpfe Pauken, das einfach dazu gehörte, zunächst die Grundlage des Studiums bildete, fehlte mir doch deutlich das Sitzfleisch, die dazugehörige Disziplin. Es bestand ständig die Gefahr, dass mir etwas einfiel, was ich statt des Lernens gerade machen konnte...

Diese Selbstüberwindung, die mich das Lernen damals gekostet hat, betrachte ich heute als Wendepunkt in meinem Leben. Ich wollte das schaffen, ich musste das schaffen, ich habe immer wieder einen Zettel genommen und **„Dr. med Julian Simon, Facharzt für Innere Medizin“** darauf geschrieben, eine Art Visualisierung. Das war das Ziel. Dann habe ich das nächste dicke Buch genommen und weitergelernt... Ein Grundlagenwerk zur Pathologie habe ich mehr oder weniger aufgesogen. Dabei half mir die Tatsache, dass das dicke Fachbuch mit vielen Bildern versehen war, das war für mich als ein visueller Lerntyp sehr hilfreich. Ich glaube, ich habe nie wieder in meinem Leben vorher und nachher so viel gelernt. Der Druck war groß, es „brannte“. Wenn ich nicht mehr konnte, nahm ich mir wieder einen Zettel: „Dr. med. Julian Simon. Facharzt für Innere Medizin.“

Als ich am Tag des Examens 1986 zum Markgrafentheater fuhr, wo die Prüfung stattfand, wusste ich, dass ich bestehen würde. Ich bin mit einer solchen Selbstsicherheit dahin gegangen. Jede der multiple-choice-

Fragen beantwortete ich mit großer Sicherheit und in dem Bewusstsein, dass ich bestehe - und so war es dann auch. Zum ersten Mal machte ich bei einer Prüfung aufgrund meiner intensiven Vorbereitung die Erfahrung, dass ich Herr des Geschehens war. Diese Erfahrung, dass ich mich selber zu solch einer Leistung zwingen kann, hat mir eine enorme Kraft für mein Leben gegeben. Für meine Reife, für die Integrität meiner Person war es unverzichtbar, diesen Prozess durchzumachen, die Misserfolge zu durchstehen und daraus die Konsequenzen zu ziehen.

Auch wenn mir diese Erfahrung enorm viel Kraft gegeben hat, wollte ich es nicht noch einmal darauf ankommen lassen. Ich begann daher frühzeitig damit, für das 2. Staatsexamen zu lernen und hatte die Idee, mir Mitstudenten zu suchen, mit denen ich gemeinsam lernen konnte, um mich selber besser zu disziplinieren. Ich fragte im Freundes- und Bekanntenkreis rum, wer Interesse an so einer Lerngruppe hatte. Über mehrere Ecken bekam ich die Telefonnummer einer Kommilitonin, die erst vor kurzem mitten im Studium nach Erlangen gewechselt hatte. Ich rief sie an und wir verabredeten, dass ich bei ihr vorbeikommen würde, um zu sehen, ob wir miteinander lernen wollten und alles weitere zu besprechen. Einige Tage später stand ich vor der Tür ihres Wohnheims, ein bisschen unsicher, ein bisschen nervös. Eine Mitbewohnerin sagte ihr Bescheid, sie kam, führte mich in ihr winziges Zimmerchen und bot mir als erstes einen Platz auf ihrem Bett an. Ich fühlte mich total unwohl! Zugegeben, es gab nur einen Stuhl in diesem Zimmer und auch keinen Platz für einen zweiten, aber trotzdem! Auf dem Bett zu sitzen empfand ich als unangemessen intim, das war mir sehr unangenehm. Und ich saß noch nicht ganz, da drückte sie mir schon eine Tasse Tee in die Hand, ließ mir gar keine Zeit, erstmal anzukommen. Ja, die deutsche Art. Das waren diese kleinen kulturellen Unterschiede, an die ich mich immer noch nicht so recht gewöhnen konnte. Aber wir unterhielten uns dann trotz des holprigen Anfanges sehr gut, sie wollte gerne wissen, woher genau ich kam, ich zeichnete ihr eine Karte von Indien, die zeigte, wo das Bundesland Kerala liegt. In dem Zusammenhang habe ich wohl auch erwähnt, dass ich nach dem Studium nach Indien zurückgehen würde und meine Eltern bereits nach einer Frau für mich suchten. Ich glaube, das hat sie als klare Ansage verstanden: Kein Interesse, ich will nur lernen. Dabei hatte das für mich gar nicht diese Bedeutung, ich hatte gar keine Hintergedanken dabei, sondern erzählte einfach gerade heraus, wie meine Situation war. Jedenfalls kamen wir überein, gemeinsam zu lernen. Manchmal waren wir zu zweit, manchmal war noch ein Freund von mir dabei, Vicky, der ebenfalls aus Indien kam.

Wir waren ein gutes Team, so habe ich es jedenfalls empfunden. Rita war sehr diszipliniert, hatte Sitzfleisch genug für uns alle: Wenn sie lernte, dann lernte sie und ließ sich durch nichts davon ablenken. Diese Zielstrebigkeit zeigte sich auch in ihrem ganzen beruflichen Werdegang. Sie hatte nach dem Abitur erst eine Ausbildung als Krankenschwester gemacht und anschließend in Münster mit dem Medizinstudium angefangen. Sie hatte das alles fix hintereinander gemacht, Abitur, Ausbildung, Studium und bereitete sich nach nur fünf Jahren schon auf das 2. Staatsexamen vor, das war wirklich Rekordzeit. Diese Leistung war umso beachtlicher, als sie zunächst keinen Medizinstudienplatz bekommen hatte, und nur als „externe" Studentin ein paar Scheine machen konnte. Wir profitierten auch davon, dass sie schon eine Krankenschwesterausbildung hatte und dadurch viel mehr Krankenhauserfahrung mitbrachte, als wir. Sie wiederum profitierte, denke ich, von unseren Fragen, die oft ganz neue Blickwinkel auf den Lernstoff eröffneten und Inhalte anders als gewohnt miteinander verknüpften. Nach einiger Zeit begann diese Frau, mich zu interessieren, nicht nur als Lernpartnerin, sondern auch darüber hinaus. Ich stellte fest, dass ich mit ihr zusammen zur Höchstform auflief, obwohl sie mir jederzeit meine Freiheit ließ und mich nicht einengte. Mir gefiel auch, dass sie eine enge Beziehung zu ihrer Familie hatte und ihre Eltern respektierte, obwohl sie dort nicht nur Unterstützung erfuhr. Ihre Mutter hatte z.B. wenig Verständnis dafür, dass sie studieren wollte, hatte wohl auch Angst, die Tochter könnte scheitern und fand, dass Krankenschwester doch ein guter und sicherer Beruf war.

Bald fingen wir an, auch über das Lernen hinaus Zeit miteinander zu verbringen. Als Rita mich das erste Mal zum Essen einlud, hatte sie einen Eintopf gekocht. „Wo ist der Reis?“, fragte ich, nachdem ich auf dem ganzen Tisch nur diesen einen Topf sah. Ein Essen ohne Reis war für mich unvorstellbar, da konnte der Eintopf noch so lecker und nahrhaft sein. Wir kochten auch gemeinsam, spielten im Wohnheim Tischtennis oder gingen spazieren. Spazierengehen war eigentlich unsere Hauptbeschäftigung, denn für Kinokarten oder ähnliches hatten wir beide nicht das Geld. Wir ergänzten uns einfach gut. Wenn wir zusammen kochten, fiel es mir besonders auf: Der eine machte dies, der andere reichte jenes hinüber, ohne dass großartig diskutiert werden musste. So ein selbstverständliches Hand-in-Hand-Arbeiten hatte ich noch nie mit jemandem erlebt. Dabei ist „zusammen kochen“ nicht ganz richtig, ich war eigentlich nur zum Helfen gut und dabei verstanden wir uns ohne viele Worte, ohne große Kommunikation und sehr gleichberechtigt. Manche deutsche Frauen gaben mir das Gefühl, dass sie die Hosen anhatten, also das Sagen haben wollten. Mit so einer Frau hätte ich nicht zusammen sein können oder wollen, das hätte ich als Identitätsverlust erlebt. Ich wollte aber auch nicht selber allein bestimmen. Der Mann die halbe Hose, die Frau die halbe Hose, keiner darf die ganze anhaben. Selbstverständlich begleitete ich Rita grundsätzlich nach Hause, wenn wir uns nicht in ihrem Wohnheim getroffen hatten. Ich schob mein Klapprad neben ihr her, bis wir vor ihrer Tür ankamen. Manchmal fragte sie mich, ob ich noch mit rauf kommen wollte, aber das schlug ich grundsätzlich aus. Ich war nicht ganz sicher, was diese Einladung bedeutete und wollte keinen Fehler machen.

Und überhaupt, bevor ich mich traute, ihr von meinen Gefühlen zu erzählen, kam doch wieder die indische Tradition ins Spiel. Vor allem in den ersten Jahren meiner Zeit in Deutschland hatte ich Indien ja extrem kritisch gegenüber gestanden und kaum ein gutes Haar daran lassen können, aber das hatte auch zu meiner pubertären Rebellion gehört. Langsam näherte ich mich einigen ausgewählten Bräuchen und Gewohnheiten wieder an. In Indien werden Eheschließungen ja vermittelt, die ganze Familie beurteilt die in Frage kommenden Kandidaten: Passen sie von der Bildung, vom Status, von den Finanzen her zusammen? Auch das Aussehen spielte sicher eine Rolle. Dahinter stand kein Kontrollzwang, sondern das ehrliche Bemühen, dem eigenen Kind einen Lebenspartner zu wählen, mit dem es nach der traditionellen

Vorstellung harmonieren und glücklich werden konnte. Ich konnte mich darauf verlassen, dass meine Familie mir nicht verbieten würde, die Frau meiner Wahl zu heiraten, aber sie würde sicherlich äußern, wenn sie ernsthafte Bedenken hatte und einen Aspekt bei einem von uns wahrnahm, der überhaupt nicht zu dem anderem passen wollte. Dieser Außenblick auf uns beide als mögliches Paar interessierte mich schon.
Aber meine Eltern waren weit weg und auch meine Geschwister waren in Lüdenscheid und in Rom, beides von Erlangen aus nicht eben um die Ecke. Und wie sollte ich Rita erklären, dass ich mit ihr dorthin fahren wollte, ohne ihr zu offenbaren, dass mich interessierte, was meine Familie über sie dachte?
Ich war kurz zuvor in ein anderes Wohnheim umgezogen. Ohnehin hatte sich meine Wohnsituation stetig verbessert. Im ersten Semester hatte ich ein Doppelzimmer gehabt, was wirklich anstrengend war, da mein Zimmerkollege darauf bestand, jede Nacht zu lernen und tagsüber den Schlaf nachzuholen. Danach hatte ich ein Einzelzimmer bekommen und später sogar ein Doppelzimmer, das ich alleine bewohnen durfte. Trotzdem hatte ich mich für den Umzug entschieden, weil es in dem neuen Heim wunderschöne große Gemeinschaftsküchen gab, die ringsherum Fenster hatten und wirklich gemütlich waren. In Ermangelung meiner Familie beschloss ich, Rita zusammen mit Mathew, einem Mitglied meiner studentischen

Ersatzfamilie, den ich sehr schätzte und der mir sagen sollte, ob die Frau seiner Meinung nach wohl zu mir passte, zu einem traditionell indischen Essen einzuladen. Sie muss einen guten Eindruck hinterlassen haben, obwohl sie furchtbar mit dem ungewohnt scharfen Essen zu kämpfen hatte, denn Mathew hatte keine Bedenken, dass wir nicht zusammen passen könnten. Ich glaube allerdings auch nicht, dass er mich zu diesem Zeitpunkt noch von irgendwas hätte abhalten können, denn ich war schon sehr verliebt. Und dann passierte etwas Wunderbares: Rita offenbarte mir, dass sie immer noch den Zettel hatte, auf dem ich bei unserem allerersten Treffen die Umrisse von Indien gezeichnet hatte, um ihr zu erklären, woher ich kam.

...ich war schon sehr verliebt.

Später hat sie mir erzählt, dass sie den Zettel aufgehoben hatte, weil sie diesen fremden Mann auf ihrer Bettkante vom ersten Moment an ganz interessant fand. Seitdem waren wir „zusammen", wie man so schön sagt, behielten das aber erstmal ein bisschen für uns.

Zu diesem Zeitpunkt stand für mich eigentlich noch fest, nach dem Studium, spätestens aber nach der Facharztprüfung nach Indien zurückzugehen. Die Famulatur, also das vorgeschriebene viermonatige Praktikum zwischen erstem und zweitem Staatsexamen absolvierte ich aus diesem Grund zu drei Vierteln in Indien. Zwei Monate verbrachte ich bei Dr. Philip Augustine, einem sehr bekannten Gastroenterologen in Kotthattukulam in der Nähe von Kuninji, einen Monat in einem großen Krankenhaus in Mumbai. Den vierten und letzten Monat absolvierte ich in einer Landarztpraxis in einem kleinen Dorf in der Lüneburger Heide nahe Bispingen, wo Dr. Rhode, ein Cousin meiner Schwägerin, der einige Jahre ein zentrales Krankenhaus in Kerala in der Nähe von Kottayam aufgebaut und geleitet hatte, sich niedergelassen hatte. Diese Spanne, nicht nur inhaltlich sondern auch geographisch, machte so recht die ganze Breite der Medizin deutlich, das beflügelte und befriedigte mich sehr.

Das Staatsexamen legten wir im Jahr 1988 ab. Zum ersten oder zweiten Mal wurde die bis dahin nur schriftlich durchgeführte Prüfung durch einen mündlichen Teil erweitert. Diese Neuerung kam mir sehr entgegen, da mir das Sprechen immer noch weniger Mühe bereitete, als das Pauken für die multiple choice-Fragen. Tatsächlich bestand ich den mündlichen Teil mit sehr gut, konnte damit das Ergebnis des anderen Prüfungsteils ausgleichen - und hatte somit erstmalig eine Prüfung im Rahmen des Medizinstudiums im ersten Anlauf bestanden! Wow!

Um das Staatsexamen herum, ich weiß nicht mehr, ob es kurz vorher oder wenige Wochen später war, zog Rita in das gleiche Wohnheim um, in dem Vicky, das dritte Mitglied unserer Lerngruppe, wohnte. Er hatte mitbekommen, dass einen Gang weiter ein Zimmer frei geworden war, das über Platz für mehr als einen Stuhl verfügte, was nicht nur Rita sondern uns allen sehr entgegen kam. Natürlich boten wir auch beide an, ihr zu helfen. Außerdem kam noch ihr Schwager Ulrich aus Frankfurt zur Unterstützung, der ein Auto besaß. Überraschenderweise brachte er Ritas Vater mit, der gerade zu Besuch bei ihm war, was wir nicht gewusst hatten. Das war schon ganz schön aufregend, noch hatten wir uns nicht getraut oder es nicht für spruchreif gehalten, jemandem von unserer Beziehung zu erzählen. Ich wollte natürlich einen guten Eindruck hinterlassen, was nicht so einfach war, denn Rita war eine gute Packerin, alle Kartons waren fein säuberlich und ordentlich bis in den letzten Winkel gefüllt. Das sah toll aus, war aber kaum zu tragen, jedenfalls, wenn man nicht so wahnsinnig groß und kräftig war…

Kurz danach fuhr jeder von uns zu Weihnachten zu seiner jeweiligen Familie, Rita nach Metelen, ich nach Lüdenscheid. Normalerweise genoss ich es sehr, bei meinen Geschwistern zu sein und wenigstens einen kleinen Teil der Familie zu sehen, aber an diesem Weihnachtsfest fehlte mir die innere Ruhe. Früher als geplant kehrte ich nach Erlangen zurück. Ich hatte so ein Gefühl… Rita wohnte noch nicht lange in ihrem Wohnheim, kannte da noch niemanden, überhaupt sind Wohnheime über Weihnachten gruselige Orte, ausgestorben und ohne Leben. Irgendwie hatte ich die Vorstellung, dass sie da alleine in ihrem Zimmer saß und gerade furchtbar einsam war, dabei hatte, als wir uns vor Weihnachten verabschiedeten, noch gar nicht festgestanden, wann jeder von uns zurückkommen würde. Jedenfalls bin ich auf gut Glück zu ihrem Zimmer marschiert und da saß sie, mutterseelenallein und hatte wirklich gerade das heulende Elend.

Nach dem 2. Staatsexamen ging es ins PJ, das Praktische Jahr. Wir hatten uns beide bei der Klinik in Fürth beworben, wo wir gemeinsam die Pflichtfächer Chirurgie und Inneres absolvieren wollten. Wir waren nicht die einzigen Mediziner aus Erlangen, die nach Fürth pendelten, das war eine ganze Gruppe. Einige hatten

Autos und nahmen die anderen mit, das war eine schöne Gemeinschaft. Das letzte Drittel des Praktischen Jahres durfte man in seinem Wahlfach ableisten. Ich hatte mich für die Pathologie an der Erlanger Uniklinik entschieden, weil ich in dem Bereich auch meine Doktorarbeit schreiben wollte. Das war am Anfang hart, der Umgang mit den Leichen, nicht zuletzt auch der Geruch, aber es war hochspannend und ich habe mich da nach einer Eingewöhnungsphase regelrecht zu Hause gefühlt und sehr sehr viel gelernt. Rita hatte Kinderheilkunde gewählt und bekam einen Platz in der Kinderklinik in Erlangen, wo sie im Gegensatz zu mir auch Nachtdienste zu absolvieren hatte. Die gingen nicht die ganze Nacht sondern endeten, je nachdem, wieviel zu tun war, zwischen Mitternacht und zwei Uhr morgens. Und natürlich wollte ich nicht, dass sie dann alleine nach Hause ging. Wie viele Nächte ich dort vor der Tür gestanden und auf sie gewartet habe! Sie kam ja jede Nacht zu einer anderen Zeit raus. Aber immer noch lehnte ich dankend ab, wenn sie mich fragte, ob ich noch mit nach oben kommen wollte...

Im Laufe des Jahres 1989 haben wir unseren Familien voneinander erzählt. Ich weiß nicht mehr genau, wann wir in Lüdenscheid bei den Familien meines Bruders und meiner Schwester Lucyamma waren. Natürlich spielte zumindest für mich bei diesem Besuch der indische Brauch, dass die Familie die Partnerwahl gut heißen muss, eine große Rolle. So ausdrücklich habe ich Rita das nicht erzählt, aber ich denke, das liegt ja in der Luft. Noch wichtiger war mir allerdings, wenn wir schon nicht zu meinen Eltern fliegen konnten, Rita bei Leelamma in Rom vorzustellen. Diese hatte mich ja mehr oder weniger mit großgezogen. Leelamma war eine „freche Nonne“, vielleicht hatte auch sie keine Lust mehr, sich alles vorschreiben zu lassen. Jedenfalls begleitete sie uns eine Woche lang bei einem klassischen Touristenprogramm durch Rom und den Vatikan, was ihre Ordensoberen eher unpassend fanden. Auch ohne gemeinsame Sprache hatte sie ein gutes Gespür für Menschen, ein großer Teil unserer Kommunikation läuft ja sowieso nonverbal ab. Jedenfalls war sie von Rita sehr angetan.

Weihnachten 1989 fuhr ich mit nach Metelen, um Ritas Eltern vorgestellt zu werden. Den Vater hatte ich ja schon beim Umzug kennengelernt, ich glaube, er hatte mich ganz nett gefunden, aber eben nur als „ein“ Freund Ritas, nicht als „der“ Freund und zukünftige Schwiegersohn. Ritas Bruder Norbert hatten wir mittlerweile mehrfach gesehen, er hatte uns mit seiner Freundin Resi ein paar Mal in Erlangen besucht und auch meine Kochkünste stoisch über sich ergehen lassen - ich hatte ein deutsches Kuchenrezept mit indischen Gewürzen angereichert... Wir verstanden uns gut und ich denke, er hat ein gutes Wort bei seinen

Eltern für mich eingelegt, die doch zunächst skeptisch waren. Die Bedenken von Ritas Vaters richteten sich dabei nicht gegen meine Person. Er hatte einfach Bauchschmerzen bei dem Gedanken, dass seine Tochter eventuell nach Indien ziehen würde, so weit weg. Und das kann man ja auch nachvollziehen. Darüber hinaus war er ein sehr interessierter und belesener Mensch, obwohl er als Textilfacharbeiter nicht viel formale Bildung genossen hatte und besaß dadurch eine gewisse Offenheit.. Die Bedenken von Ritas Mutter richteten sich schon sehr viel stärker gegen mich. Ich war einfach fremd, was sollten die Nachbarn sagen, dass die Tochter einen Ausländer heiratete...

Das sah im indischen Teil meiner Familie ja nicht so viel anders aus. Sie mochten und akzeptierten Rita, aber eine Inderin wäre ihnen schon lieber gewesen. Ich hatte immerhin den Vorteil, dass mein Bruder bereits eine Deutsche geheiratet hatte und sie sich schon mal an den Gedanken hatten gewöhnen können. Ich war wirklich sehr nervös und befingerte immerzu den großen Weihnachtsstern, den wir am Bahnhof von Münster gekauft hatten, bevor wir den Zug nach Metelen Land bestiegen. Ich war nervös, Ritas Mutter war aufgeregt, es war schwierig, miteinander ins Gespräch zu kommen und wir versuchten, unsere Unsicherheit durch Aktionismus, die Beschäftigung mit irgendwelchen Nebensächlichkeiten, zu überspielen. So eine Scheu war sicherlich beim ersten

Kennenlernen des zukünftigen Schwiegersohnes normal, wurde aber durch meine Fremdheit, die für sie im Vordergrund stand, noch verstärkt. Was sie ein wenig beruhigte war weniger, dass ich Arzt war, oder zumindest auf dem Weg, einer zu werden, sondern vor allem, dass ich auch katholisch war. Einen Hindu oder Muslim hätte sie wohl kaum akzeptieren können. Aber auch so blieb sie mir gegenüber doch zunächst deutlich reserviert.

Natürlich hatten wir auch meinen Eltern geschrieben und ich wartete gespannt auf ihre Antwort. Ich wusste ja, dass sie zu Hause schon eine ganze Weile Ausschau nach einer Frau für mich hielten und eine Reihe potentieller Kandidatinnen auf mich wartete.
Als der Brief endlich kam, war ich zu Tränen gerührt. Mein Vater schrieb, sie hätten extra ihr Haus umgebaut und vergrößert in der Annahme und der Hoffnung, dass ich nach Kuninji zurückkommen, dort heiraten und eine Familie gründen würde. Das sei ihr Wunsch, der natürlich aus ihrer Liebe zu mir resultierte. Aber gerade deshalb wollten sie mir auch sagen, dass ich letztendlich die Entscheidung für mein Leben selber treffen müsse. **„Du entscheidest für dein Leben.“**
Das war der letzte Brief meines Vaters. Kurz darauf ist er gestorben, wenige Wochen, bevor ich das 3. Staatsexamen ablegen sollte. Das war hart. Das war

mehr als hart. Ich wusste, der Prüfungstermin steht. Zurücktreten wäre mehr als schwierig gewesen, ich hatte keine Wahl, ich musste da durch. Ich konnte nicht zur Beerdigung, ich konnte nicht richtig trauern. Ich hatte so eine Art „trockene Trauer“. Trotzdem oder vielleicht gerade deshalb war diese Prüfung die beste in meinem Leben. Ich habe mein ganzes Potential ausgepackt, meine Kraft, die ich aus dem Glauben schöpfte, aus den Wurzeln meiner indischen Kultur, ich habe alle Quellen angezapft.
Als ich dann endlich am Grab meines Vaters stand und weinen konnte, wurde es besser. Auch die Schilderungen seiner Beerdigung halfen beim Trauern. Es waren so viele Menschen da gewesen, kamen auch noch zum Sechs-Wochen-Seelenamt, das in der Zeit meines Aufenthaltes in Indien stattfand, das zeigte doch nochmal, wie viel er in seinem Leben geleistet hatte, da kam auch ein gewisser Stolz hoch.

Nach meiner Rückkehr aus Indien bekam ich eine Stelle als AiP, Arzt im Praktikum, in der Virologie in Erlangen, weil sie jemanden suchten, der in Pathologie firm war. Damals herrschte, was heute kaum noch vorstellbar ist, eine Ärzteschwemme. Wenn ich die Chance hatte, eine Stelle zu bekommen, musste ich sie nehmen. Dabei war Virologie einerseits nicht mein Traum, andererseits passte es sehr gut, weil meine Doktorarbeit in der Pathologie angesiedelt war und

Das Sechs-Wochen-Seelenamt für meinen Vater.

die Arbeitsweisen, was Schneiden, Färben und Mikroskopieren anging, sich sehr glichen. Der Eindruck, dass Virologie nichts für mich war, bestätigte sich aber: Man arbeitet drei Monate unter einer bestimmten Annahme, stellt dann fest, so funktioniert es nicht, man muss einen anderen Weg suchen. Das ist ein Erfolg, man ist schließlich einen Schritt weiter gekommen, hat wieder etwas ausschließen können. Diese Art der Grundlagenforschung war nicht mein Ding! Dafür musste man ein ganz bestimmter Menschentyp sein. Vor allem hatte man nie mit Patienten zu tun. Für eine solche Tätigkeit hatte ich nun wirklich nicht Medizin studiert. Die Anstellung in der Virologie half mir aber, meine Doktorarbeit fertig zu stellen. Mein Thema waren Helicobacter pylori, jene pathogenen Keime, deren Vorhandensein im Magen zwar schon früher festgestellt, aber nie für besonders wichtig gehalten worden war. Dabei lösten sie nicht nur tiefliegende Geschwüre sondern sogar Tumore aus. Im Rahmen meiner Doktorarbeit musste ich Gewebeproben nehmen, schneiden, färben und beschreiben. Durch den hohen praktischen Anteil war die Arbeit sprachlich nicht eine ganz so große Herausforderung. Ich hatte bereits vor dem dritten Staatsexamen damit begonnen und wurde nun so frühzeitig fertig, dass ich die letzten Monate meiner Arbeit als AiP in der Inneren des Marienhospitals in Emsdetten ableisten konnte. Das war genau das, was ich wollte!

Die Stelle hatte mir Dr. Eienbröker, ein Freund meiner Schwester Lucy, vermittelt. Damals lief das fast nur über Kontakte. Rita hatte direkt nach dem dritten Staatsexamen eine AiP-Stelle in einer Klinik für Anschlussheilbehandlung mit dem Schwerpunkt Kardiologie und Onkologie in Windischbergerdorf bei Cham bekommen. Einer ihrer Chefs aus der Klinik in Fürth kannte einen Chefarzt in Cham und hatte sie dort empfohlen. Sie war ja auch sehr fleißig, super fit und wurde sofort genommen.
Die Entfernung Erlangen - Cham war zu überwinden gewesen, zumal Rita mittlerweile ein Auto hatte. Von Cham nach Emsdetten sah das schon anders aus. Mit dem Zug war das eine endlose Himmelfahrt und selbst die einfache Fahrt mit dem Auto dauerte acht Stunden reine Fahrzeit, die Rita an ihren freien Wochenenden, wenn sie keinen Dienst hatte, regelmäßig auf sich nahm. Ich hatte zwar mittlerweile den Führerschein gemacht, nachdem ich als AiP erstmals über ein regelmäßiges Einkommen verfügte, bin aber nie ein brillanter Fahrer geworden. Der Fahrlehrer meinte schon damals: „Jeder Bauer kann besser fahren als Sie, Herr Doktor!“ Ich konnte nicht gerade zurücksetzen und habe bis heute nicht verstanden, warum ich genau 50 km/h fahren soll. Ich fand, wenn es kein Problem gibt und alles frei ist, kann ich doch auch ein bisschen schneller fahren. Ich sehe die Notwendigkeit, sehr aufmerksam zu fahren und auf meine Um-

gebung zu achten, nicht aber die Notwendigkeit, genau 50 zu fahren. Warum nicht 58? Aber gut, das ist eben Deutschland, ich musste es akzeptieren. Ich besaß auch kein Auto und hatte noch keinerlei Erfahrung im Fahren, ich hätte mir die Strecke nicht unbedingt zugetraut. Ich war schon dankbar, dass Rita immer gefahren ist. Hinzu kam, dass ich die vielen Stunden, die Rita im Auto verbrachte, gut dafür gebrauchen konnte, meine Arztbriefe zu diktieren. Dafür brauchte ich viel Zeit, denn sie mussten ja nicht nur medizinisch sondern auch sprachlich korrekt sein. Das schaffte ich nicht neben der normalen Arbeit auf der Station, ich erledigte diese Berichte entweder nachts oder am Wochenende.

Trotz der deutlichen Reserviertheit von Ritas Mutter verlobten wir uns 1990. Im Januar 1991, wir waren beide noch AiP, sind wir nach Indien geflogen, damit Rita den Rest der Familie und vor allem meine Mutter kennen lernen konnte. Das ist auch nicht vollkommen glatt gelaufen, was nicht zuletzt an meiner Gedankenlosigkeit lag. Rita kam praktisch ohne Gepäck in Indien an. Die erste Hälfte ihrer Kleider hatte ich schon in Deutschland aussortiert. Die zweite Hälfte flog bei meiner Cousine in Mumbai raus, weil diese die Kleidungsstücke entweder aus klimatischen oder kulturellen Erwägungen heraus für ungeeignet hielt. Es war wirklich kaum mehr als der Schlafanzug übrig, es war also dringend notwendig, dass wir einkauften, bevor wir uns von dem Regionalflughafen Cochin, zu dem wir von Mumbai aus geflogen waren, mit einem Leihwagen auf den Weg nach Kuninji machten. Dort gab es keine Auswahl an Läden. Wir kamen also viel später in Kuninji an, als meine Mutter, die ja wusste, wann unser Flugzeug landen würde, sich ausgerechnet hatte. Sie war aufgelöst vor lauter Sorge, vielleicht auch ein bisschen enttäuscht oder beleidigt, dass wir nicht sofort zu ihr geeilt waren. Ich hatte Rita die ersten Begrüßungsworte auf Malayalam beigebracht, aber das ging in dem Cocktail aus Wut, Enttäuschung und Erleichterung bei meiner Mutter einfach unter. Daraufhin war Rita total sauer auf mich, dass ich sie in diese Situation gebracht hatte, sie hätte natürlich lieber mit einem guten Eindruck bei meiner Mutter gestartet und wir stritten uns fürchterlich. Zum Glück beruhigten sich alle Gemüter bald wieder und nur wenig später verstanden sich Rita und meine Mutter hervorragend und das gilt bis heute. Dabei ist das ja wirklich eine Beziehung, die auf Gesprächen mit Händen und Füßen, ein paar Brocken Malayalam und vor allem auf viel Intuition, Einfühlungsvermögen und dem Willen, den anderen zu verstehen auf beiden Seiten basiert. Vielleicht ist gerade das die Grundlage für ihre besondere Übereinstimmung.

Rita und ich haben am 31.5.1991 geheiratet. Das war mit erheblichen Schwierigkeiten verbunden. Das deutsche Standesamt bestand darauf, einen Beweis von mir vorgelegt zu bekommen, dass ich noch nicht verheiratet war, eine formelle Bestätigung der indischen Regierung, die das schwarz auf weiß beurkundete. Die stellte solche Dokumente aber gar nicht aus, woher sollten die auch wissen, ob ich verheiratet war? Ich hatte ein entsprechendes Papier vom Richter in Thodupuzha, wo unsere Bezirksgerierung saß, aber das reichte den deutschen Behörden nicht, nein, ein solch offizielles Papier musste schon aus Delhi kommen. Wir wollten schon verzweifeln, als von einem indischen Bekannten der Tipp kam: „Fahrt nach Dänemark. Dort kann man mit weniger Papierkram heiraten und die Eheschließung wird in Deutschland anerkannt." So haben wir uns mit den Schwiegereltern, Ritas Bruder Norbert und meinem Bruder Joseph auf den Weg nach Dänemark gemacht, wo wir in Sonderborg, der ersten Stadt hinter der Grenze, geheiratet und auch schön gefeiert haben. Vielen Dank, liebe Dänen, dass Sie es uns leichter gemacht haben!

Am 6. Juli folgte dann die kirchliche Trauung in St. Petrus und Paulus in Lüdenscheid-Honsel. Zu unserer kirchlichen Hochzeit kam auch meine Mutter aus Indien, vollkommen alleine und ohne Sprachkenntnisse. Sie ist eben eine Frau, die sich traut. Bei einem Zwischenstopp in Colombo, Sri Lanka, ließ sich die Tür ihres Hotelzimmers nicht mehr öffnen. Sie hat

6. Juli 1991: Nach der standesamtlichen Trauung in Dänemark nun doch eine Hochzeit auf deutschem Boden.

durch das Fenster Passanten auf der Straße auf sich aufmerksam gemacht und ihnen mit Händen und Füßen erklärt, was das Problem war und hat auch geschafft, dass jemand vom Hotel kam und ihr half. Sie hatte da überhaupt keine Scheu. Ihr Mut resultiert auch aus ihrem tiefen Glauben, sie empfindet, dass sie nie tiefer als in Gottes Hände fallen kann. Das gibt ihr enorme Kraft und damit ist sie bis heute eines meiner wichtigsten Vorbilder.

Vor unserer Trauung haben wir natürlich die ganze ländlich-deutsche Tradition in Ritas Elternhaus in Metelen mitgemacht: Kranz binden, Röschen wickeln, Kranz aufhängen, Schnaps trinken. Diese Bräuche waren neu für mich, aber ich habe die ganze Atmosphäre sehr genossen und die Aktion hatte einen riesigen Erfolg: Als Bräutigam fiel mir die Aufgabe zu, die obligatorischen Schnäpse für die Männer und den Sekt für die Frauen anzubieten. Und natürlich gab es auch Kaffee und Kuchen, wir waren ja schließlich in Deutschland. Ich habe also mein Bestes gegeben, alle höflich zu bewirten, mit jedem ins Gespräch zu kommen und offensichtlich waren vor allem die älteren Damen der Nachbarschaft anschließend davon überzeugt, dass Rita eine gute Wahl getroffen hatte. Ich war zwar ein Ausländer, aber ich sprach ja richtig gut Deutsch und hatte ordentliche Manieren. So ein reizender junger Mann! Deren positive Aufnahme hat wiederum meine Schwiegermutter dazu gebracht, ihre ablehnende Haltung mir gegenüber zu ändern. Das zeigte mir nochmal, was mir Rita immer schon versichert hatte: Ihre Mutter hatte nichts gegen mich als Person, sondern immer nur Angst davor, was die Nachbarn sagen würden. Nun sagten die lauter nette Sachen über mich, ja, sie äußerten sich geradezu begeistert und plötzlich war alles rosarot und ich war der willkommene Schwiegersohn. Das war schon eine große Erleichterung.

Abgesehen davon war Rita ja nicht die Einzige, die einen Ausländer geheiratet hat - ich habe auch eine Ausländerin geheiratet, auch wenn unsere Freunde das nicht immer verstanden. Wieso Ausländerin? Rita war doch Deutsche!

Mit Ritas Eltern und meiner Mutter

Ein Teil unserer bunten Hochzeitsgesellschaft

(W)Indischbergerdorf

Ich muss wissen, wo meine Grenze ist.
In Gedanken habe ich in jeder Hosentasche eine Karte,
links eine gelbe, rechts eine rote.
Wenn Menschen mich im Gespräch verletzen,
ziehe ich innerlich die gelbe Karte:
Das kann ich so nicht stehen lassen.
Sonst tue ich mir selber weh.
Oder, wenn es sein muss, sogar die rote:
Stopp. Bis hierher und nicht weiter.

Ich weiß, dass es Unterschiede in Deutschland gibt, verschiedene Traditionen, Dialekte, aber ich nehme das kaum wahr. Auf mich wirkt Deutschland eher sehr homogen. Ich kann bis heute nicht nachvollziehen, wenn die Westfalen so und die Bayern anders charakterisiert werden. Für mich sind das äußerst geringfügige Unterschiede. Vielleicht hängt diese Wahrnehmung damit zusammen, dass in Indien die Unterschiede zwischen den Bundesländern so enorm sind, grundlegend andere Kulturen, geprägt von unterschiedlichen Religionen, Sprachen und sogar einem vollkommen anderen Essen. Ich wäre in Nordindien kaum weniger fremd gewesen, als in Deutschland. Dagegen sind die Unterschiede zwischen Bayern und Westfalen doch nur graduell und spielen keine große Rolle. Überall gilt: Wie man in den Wald rein ruft, so schallt es zurück.

Trotzdem hatte ich doch einen deutlichen Respekt, als sich die Gelegenheit bot, an der gleichen Klinik, an der Rita arbeitete, ebenfalls eine Stelle zu bekommen. Cham war zu der Zeit viel in den Nachrichten, weil bei der kurz zuvor stattgefundenen Europawahl fast 20 Prozent der Wähler für die extrem rechten Republikaner gestimmt hatten. Wollte ich da wirklich leben? Rita hatte ja ihre AiP-Stelle vor mir angetreten, da ich nach dem Tod meines Vaters erst in Indien gewesen war. Sie hatte sich dort schnell einen guten Ruf erarbeitet und daher auch eine Assistenzarztstelle angeboten bekommen. Man hielt viel von ihr, sie wurde nach einiger Zeit auch Assistentin des Chefarztes, und ein bisschen von diesem Vertrauen übertrug sich auch auf mich, denke ich, als ich mich dort ebenfalls für eine Stelle bewarb und eine Zusage bekam.

Aber nun waren wir unsicher. Einerseits waren unbefristete Assistenzarztstellen zu dieser Zeit Gold wert, es gab immer noch einen enormen Ärzteüberhang. Und dann an der gleichen Klinik, das war mehr als rar! Eine unglaubliche Chance. Die Arbeit in der Anschlussheilbehandlung war zudem interessant. Aber man konnte dort keinen Facharzt machen. Dann wiederum war zu bedenken, dass wir beide Anfänger waren und die Arbeit für eine erste Stelle eigentlich gerade gut geeignet war. Oder sollten wir nicht doch nach Indien gehen? Eigentlich war für mich immer klar gewesen, dass ich nach dem Studium nach Indien zurückgehen würde... Das wäre zu diesem Zeitpunkt allerdings eine endgültige Entscheidung gewesen, denn als Mediziner war es sehr schwer, von einem längeren Auslandsaufenthalt zurück zu kommen und eine Stelle zu finden, insbesondere, wenn man noch keinen Facharzt hatte. Und Rita sprach die Sprache noch nicht. So wogen wir das immer wieder ab, hin und her. Und dann ausgerechnet Cham. Schließlich überwog die Aussicht, gemeinsam an der gleichen Klinik arbeiten zu können und feste Stellen zu haben.

Die Entscheidung für Cham hat mich Überwindung gekostet, aber tatsächlich habe ich von dem Geist, der so viele bewogen hatte, Republikaner zu wählen, nie etwas gespürt, zumindest nicht mehr, als im übrigen Deutschland: So eine bestimmte Art, angeschaut zu werden, so ein bestimmter Blick, der sich sofort ändert, wenn der andere mitbekommt, dass ich Arzt bin. Trotzdem blieb das immer im Hinterkopf, das ist wahrscheinlich ähnlich, wie wenn ich heute durch Dresden liefe. Es würde einem nichts passieren, aber ich würde mich unwohl fühlen. Zum Spaß würde ich da jedenfalls nicht spazieren gehen. So ging es mir auch in Cham. Ich habe im persönlichen Umfeld nie negative Erfahrungen gemacht, ganz im Gegenteil hatten wir bald ein enges Netz von Freundschaften geknüpft, aber trotzdem habe ich mich nie ganz frei gefühlt und habe z.B. Kneipen immer gemieden. Das ist mir nicht schwergefallen, ich bin kein Kneipengänger, heute noch nicht und damals, als dort noch geraucht werden durfte, schon gar nicht.

Grundsätzlich war ich in Deutschland zu der Erkenntnis gekommen, dass Feindseligkeit einen Sender und einen Empfänger hat. Wenn ich eine Feindseligkeit einfach nicht entgegennehme, läuft sie ins Leere, verändert auf dem Weg ihren Wert. Für mich war immer klar: Jemand, der etwas Beleidigendes sagt, kann mich gar nicht meinen, da stehe ich drüber. Gleichzeitig wusste ich immer genau, wo meine Grenze ist. Diese Sicherheit habe ich wohl auch ausgestrahlt, diese Grenze wurde jedenfalls fast nie übertreten.
Landschaftlich ist Cham, das Tor zum Bayrischen Wald, ausgesprochen reizvoll, die Nähe zu Tschechien und Prag lockte. Die Stadt selber war auch ganz hübsch mit ihrem typisch bayrischen Marktplatz. Wir waren einige Male in Tschechien, was sich für mich allein schon für den Einkauf größerer Mengen Karlsbader Oblaten lohnte... Ich brauchte allerdings im Gegensatz zu Rita immer ein Visum, das hat die Zahl der Ausflüge dann doch beschränkt.

Wir wohnten zunächst in einer Zwei-Zimmerwohnung im Wohnheim der Bayerwald-Klinik in Windischbergerdorf. Unser Freund Gustel hat sich mal den Scherz erlaubt und auf einer Postkarte aus dem Urlaub das W des Ortsnamen eingeklammert. Wir haben sehr gelacht und empfanden es gleichzeitig als ein Signal, angekommen zu sein. Unsere Arbeit lastete uns aus, wurde aber nicht zu einer untragbaren Belastung, wie es so vielen jungen Ärzten ergeht. Zwar hatten wir auch die berüchtigten Wochenendschichten, die wirklich enorm anstrengend waren. Man ging am Freitag normal zur Arbeit auf seiner Station. Um vier Uhr nachmittags begann man nahtlos mit dem Wochenenddienst, wo man für die kommenden drei Nächte und zwei Tage alleine für das ganze Haus zuständig war. Montagsmorgens kam man dann aus dem letzten Nachtdienst und musste sofort wieder in die normale Tagschicht auf der Station. Montagsabends war man wirklich gar! Zwar durfte man sich nachts im Ruheraum ins Bett legen, aber man wurde ständig geweckt. Irgendetwas war immer. Schließlich war man für dreihundert Patienten zuständig, von denen einige auf der Intensivstation lagen und eine entsprechende Betreuung brauchten. In all den Jahren, die wir dort gearbeitet haben, habe ich kaum eine Nacht durchgeschlafen. Rita ist es einmal gelungen, von elf bis fünf zu schlafen. Da litt sie aber an einem Infekt und hatte die Nachtschwestern gebeten, sie wirklich nur im alleräußersten Notfall zu wecken. Ein solches Wochenende - Dienst von Freitagmorgen bis Montagabend - war schon schwer durchzustehen, insbesondere, wenn man in der ersten Nacht einen schweren Notfall hatte und gar nicht zum Schlafen kam. Dann wurde es wirklich anstrengend. In anderen Ländern würden wir solche Zustände kritisieren, sie vielleicht sogar als Menschenrechtsverletzung brandmarken. Aber es dauert ja immer etwas länger, bis man diese Zustände vor der eigenen Haustür wahrnimmt. Heute gibt es diese langen Schichten zum Glück nicht mehr. Damals mussten wir sie in der Regel einmal im Monat ableisten, hinzu kamen drei bis vier Nachtdienste, wo man immerhin auch noch 36 Stunden am Stück arbeitete. An den ganz normalen Arbeitstagen war die Arbeitslast aber tragbar, da die Zahl der Ärzte angemessen hoch war. Wir kamen zu einer akzeptablen Zeit nach Hause und hatten auch noch Energie und Lust, neue Menschen kennen zu lernen und bestehende Freundschaften zu pflegen. Ob es an der idyllischen Lage im Bayrischen Wald lag? Wir bekamen viel Besuch von zahlreichen Freunden aus dem Studium, fanden auch schnell Freunde vor Ort. Bei uns war eigentlich immer Leben, Ulrike, die Anästhesistin aus Stralsund, die ich noch aus Würzburger Zeiten kannte, der griechische Kinderchirurg Manos, dessen Zimmer im Wohnheim neben meinem gelegen hatte, indische Freunde, indisch-deutsche Paare, deutsche Kollegen, die zu Freunden wurden. Ja, wir waren reich gesegnet. Eigentlich war alles gut.

Trotzdem waren die ersten Jahre in Cham für uns sehr getrübt durch drei Fehlgeburten, die Rita 1991, 1993 und 1994 erlitt. Das war eine schwere Zeit. Erst wenn einem dieses Schicksal selber wiederfährt, bekommt man mit, wie häufig Fehlgeburten sind. Vorher sprechen die Menschen nicht darüber, erst wenn sie merken, dass man selber ebenfalls betroffen ist. Ich hatte nicht geahnt, dass es so viele Fehlgeburten gab und wie viel Leid damit verbunden war. Uns ging es ähnlich. Wir hätten in allen Fällen alles, was wir besaßen, hergegeben, alles, wenn das Kind gesund auf die Welt gekommen wäre. Und wenn wir Millionäre gewesen wären! So oft habe ich das gedacht. Meine Mutter trug die Trauer mit uns gemeinsam und sorgte in Indien auf ihre Art und Weise für uns: In der St. Anthony-Kirche von Kuninji, legte sie am Fest des heiligen Antonius ein Gelübde ab, betete für uns und organisierte ein Kirchenfest.

Ob es daran lag oder an anderen Einflüssen: Rita wurde im Frühjahr 1995 erneut schwanger und diesmal blieb sie es! Im November kam meine Mutter, um sie in den letzten Wochen der Schwangerschaft zu umsorgen und zu unterstützen. Das tat sie liebevoll, wusste aber auch genau, was sie wollte. Am zweiten oder dritten Tag stand sie am späten Abend plötzlich vor uns, hielt uns die Jacken entgegen und machte klar, dass wir jetzt mit ihr rauszugehen hatten. Wir waren schon müde, es war kalt und wir saßen gerade so gemütlich auf dem Sofa! Aber sie gab nicht nach, also standen wir auf und dann begriffen wir, was geschehen war: Es hatte geschneit! Es war faszinierend, meiner Mutter dabei zu zusehen, wie sie sich den Schnee aneignete, sich damit vertraut machte, anfasste, probierte, in unseren Fußstapfen lief, eigene Fußstapfen machte. Sie erfasste den Schnee wirklich mit allen Sinnen. Und eine Schneeballschlacht gab es natürlich auch.

Am 2. Dezember 1995 um 9.44 Uhr morgens kam Christian gesund und munter zur Welt! Noch im Kreissaal bekam er nach indischer Tradition von Ammachi, meiner Mutter, einen Tropfen aus Gold, Silber und Kupfer auf die Zunge.
In meiner Begeisterung lud ich alle unsere Freunde ein, Rita und unseren Sohn bei ihrer Heimkehr aus der Klinik willkommen zu heißen. Dass Rita vielleicht gar keine Lust auf den Rummel haben könnte, auf die Idee bin ich gar nicht gekommen. Ich hatte versprochen, sie um neun Uhr im Krankenhaus abzuholen, aber es war so viel zu tun! Ich war schon um halbfünf aufgestanden, um Schnittchen zu schmieren und Salate zu machen. Meine Mutter half natürlich eifrig mit, aber es dauerte eben doch und so kam ich deutlich später als verabredet bei Rita an. Die war sauer, auch verstimmt darüber, dass meine Mutter nicht mitgekommen war, enttäuscht, dass so wenige Freunde sie besucht hatten - sie wusste ja nicht, dass ich alle zu uns nach Hause umgeleitet hatte. Zum Glück merkte sie nicht, dass die ganze Umgebung des Hauses, in dem unsere Wohnung lag, zugeparkt war, sonst hätte sie vielleicht schon Verdacht geschöpft. Meine Mutter kam mit einer Kerze und dem Kreuz zur Haustür,

segnete das Kind und ging betend und singend vor uns die Treppe hinauf zur Wohnung. Sie machte die Tür auf und da standen unsere Freunde! Bestimmt fünfzig Menschen. Zum Glück waren wir kurz zuvor von der Zweizimmerwohnung in eine etwas größere Wohnung im gleichen Ort umgezogen. Ich konnte richtig sehen, wie Rita erst zusammenzuckte. „Ach du Scheiße“ war ihr auf die Stirn geschrieben. Aber dann legte sich bei ihr ein Schalter um, der indische Einfluss kam durch und sie konnte es richtig genießen: auf dem Sofa zu sitzen, die vielen Freunde, die lieben Worte, die guten Gesprächen und natürlich Christian, der von Hand zu Hand gereicht und ausgiebig bestaunt und gewürdigt wurde.

Meine Mutter war in dem kleinen Ort natürlich die Sensation. Sie konnte kein Wort Deutsch, aber lächeln und winken, was sie täglich von unserem Balkon aus tat. Das war ihre Art der Kommunikation und es reichte, alles mitzubekommen, was in unserem Dorf vor sich ging. Am 2. Weihnachtstag hatte ich Dienst, als zu Hause der Strom ausfiel. Rita erzählte mir später, dass meine Mutter nur durch Beobachtung der Umgebung und mit Deuten und Zeigen klargemacht hatte, dass das Problem in unserer Wohnung liegen musste, denn alle anderen hatten noch Strom.

Zu uns gekommen war meine Mutter alleine, nach Indien flogen wir alle gemeinsam. Für uns war immer noch offen, ob wir zumindest vorübergehend oder auch dauerhaft in meinem Heimatland leben und arbeiten wollten und Rita wollte die Erziehungszeit nutzen, um einen Eindruck zu gewinnen. Alle unsere Freunde, jedenfalls die nichtindischen, waren schockiert. Mit einem Säugling in ein Entwicklungsland? Aber ich habe immer gesagt, ich bin dort schließlich auch groß geworden, auch in Indien gibt es Kleinkinder und da er noch voll gestillt wurde, war es zu dem Zeitpunkt eigentlich ganz besonders einfach zu organisieren. Ritas Absicht war, einige Monate in einem Krankenhaus zu hospitieren, aber dafür brauchte sie erstmal ein paar grundlegende Sprachkenntnisse in Malayalam. Dafür sollte dieser Aufenthalt dienen und sie nahm jeden Nachmittag ein paar Stunden Unterricht. Nebenbei haben Rita und meine Mutter sich wohl einen Spaß daraus gemacht, jede einzelne der Frauen, die meine Eltern für mich in Betracht gezogen hatten, in Augenschein zu nehmen…

Im Oktober 1996 ging es Rita sehr schlecht. Wir waren ziemlich sicher, dass sie wieder schwanger war. Aber als wir die Praxis des Frauenarztes erreichten, war diese wegen Abrechnung geschlossen. Plötzlich bekam Rita extreme Schmerzen und baute immer mehr ab. Der Notarzt kam und brachte sie sofort ins Krankenhaus. Mein Oberarzt, der gleichzeitig unser Nachbar war, begleitete uns. Der gewohnte Weg, den wir täglich zur Arbeit zurücklegten, fühlte sich plötzlich vollkommen anders an. Während wir auf den diensthabenden Gynäkologen warteten, machte mein Oberarzt eine Ultraschalluntersuchung und stellte eine Vordiagnose. Alles deutete auf eine Eileiterschwangerschaft hin. Dem diensthabenden Arzt passte es überhaupt nicht, dass wir ihn mit einer Diagnose empfingen. Das war schließlich seine Aufgabe, er fühlte sich auf den Schlips getreten. Hinzu kam das Wochenende, er war wohl schon seit mehreren Tagen und Nächten auf den Beinen, ziemlich am Ende seiner Kräfte und wollte einfach nicht wahrhaben, dass es etwas Ernstes sein könnte. Ich kann das Ganze bis heute nicht richtig nachvollziehen, das war einfach menschliches Versagen. Für mich war die Diagnose aufgrund der verschiedenen Symptome eindeutig, sie blutete stark, hatte Flüssigkeit im Bauch, starke Schmerzen. Ich war nicht nur sicher, dass es eine Eileiterschwangerschaft war, meines Erachtens war der Eileiter bereits geplatzt. Aber der Diensthabende zog immer wieder andere Diagnosen in Betracht, etwa Harnsteine oder Koliken, und verzögerte das Eingreifen. Und dabei blutete Rita so stark und litt und wurde immer teilnahmsloser vor unseren Augen. Das war einfach schrecklich. So eine Situation ist für einen Arzt besonders schwer auszuhalten, weil er so genau weiß, was passieren kann. Und hier handelte es sich um eine lebensbedrohliche Situation. Irgendwann nötigte ich den Gynäkologen, befahl ihm mehr oder weniger zu handeln, und zwar AUF DER STELLE! Dabei offenbarte sich, dass die Diagnose nicht nur richtig gewesen war, auch meine Einschätzung, dass der Eileiter geplatzt war, hatte gestimmt. Rita wurde soeben noch rechtzeitig operiert.

Nach dieser Erfahrung haben wir hin- und her überlegt, ob wir eine erneute Schwangerschaft riskieren sollen. Aber wir sind zu dem Schluss gekommen, dass das Wagnis einfach zu groß ist. Wir sind dankbar und glücklich, Christian zu haben.

Da Rita nach und nach wieder in den Beruf zurückkehren wollte, haben wir nach einer Betreuung für unseren Sohn gesucht. Da passte es hervorragend, dass meine Nichte Suni, die Tochter meines „Bruders" John aus Indien ohnehin gerade ein Jahr als au pair in Deutschland plante. Da wir die Zeit mit dem kleinen Christian aber auch selber genießen und gestalten wollten, durfte er, solange er noch nicht in den Kindergarten ging, abends aufbleiben, bis wir auch ins Bett gingen. Dafür schlief er morgens entsprechend lange. Suni wurde nach einem Jahr von Benni, dem ältesten Sohn meines Bruders Mathew, abgelöst. Zu diesem Zeitpunkt fing Christian mit dem Kindergarten an. Er war in den ersten Jahren seines Lebens zweisprachig aufgewachsen. Aber als er in den Kindergarten kam, merkte er, dass niemand diese andere

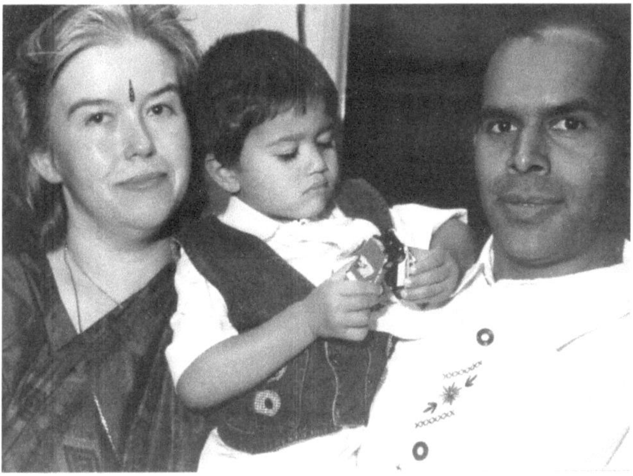

An meinem vierzigsten Geburtstag: Christian interessiert sich noch stärker für Modellautos als für meine Feier.

Meine „Nichte“ Suni gratuliert mit Kuchen und Kerzen.

Sprache verstand, und beschloss, sie auch nicht mehr zu verwenden, auch nicht mit Benni. Infolgedessen hat der ziemlich schnell Deutsch gelernt!

1998 kam Schröder an die Macht und eröffnete die Möglichkeit einer doppelten Staatsbürgerschaft. Da habe ich für kurze Zeit gedacht: Das ist ja toll! Ich kann endlich den deutschen Pass bekommen, der einem vieles erleichtert: vor allem das Reisen, in meinem Fall ganz konkret die Reisen nach Tschechien. Und ich kann trotzdem meinen indischen Pass behalten. Denn an dem hing ich emotional. Aber jetzt, wo es endlich diese Möglichkeit gab, empfand ich das plötzlich als Unsinn. Man muss sich entscheiden. Ich musste mich entscheiden. Eine doppelte Staatsbürgerschaft war weder Fisch, noch Fleisch. Man konnte schließlich auch nicht auf zwei Hochzeiten tanzen. Eine klare Entscheidung empfand ich als wichtig für meine Identität, mein Selbstbewußtsein. Aber wofür? Mein Bruder Joseph und Karin hatten mittlerweile fünf Jahre in Indien gelebt und waren vor Kurzem nach Deutschland zurückgekommen. Für die Kinder war insbesondere der damit verbundene Schulwechsel hart gewesen. Wir hatten uns also vorgenommen, uns vor Christians Einschulung für die eine oder andere Variante zu entscheiden. Wir hatten das auch zwischendurch immer wieder abgewogen, Rita war noch zweimal für mehrere Monate in Indien gewesen, um für sich zu sehen, ob sie da leben und arbeiten wollte. Ein gutes Jahr nach Christians Geburt konnte sie erstmals ihren Plan verwirklichen, in einem Krankenhaus zu hospitieren. Da es zu weit von Kuninji entfernt lag, begleitete meine Mutter sie dorthin und passte tagsüber, während Rita arbeitete, auf Christian auf. Ein Jahr später flogen die beiden noch einmal nach Kerala. Diesmal wollte Rita in einem anderen Krankenhaus arbeiten, der Kontakt war über Jessy, eine indische Freundin, die mit uns in Deutschland studiert hatte, zustande gekommen. Rita wohnte bei ihr, während Christian in Kuninji bei der Oma blieb. Die hat nicht nur unglaublich gerne auf ihn aufgepasst, sie war auch sehr sehr stolz, eine Schwiegertochter zu haben, die Ärztin war, das empfand sie schon als etwas Besonderes. Somit war es das erste Mal, dass Rita ganz ohne Begleitung durch mich oder meine Mutter in einer indischen Stadt unterwegs war. Aber sie ist total anpassungsfähig, ist sehr gut klargekommen und konnte sich zumindest im Krankenhaus auch sprachlich verständigen. Sie hatte die wichtigsten medizinischen Begriffe auf Malayalam gelernt. Manchmal musste sie sogar für eine indische Ärztin aus dem Nachbarbundesstaat, die nur auf Englisch mit den Krankenschwestern reden konnte, was aber nicht alle verstanden, dolmetschen. Die Arbeit im Krankenhaus unterschied sich natürlich von der in Deutschland, vor allem gab es sehr viele Apparate, die wir hier routinemäßig einsetzen, gar nicht. Trotzdem war sie sehr beeindruckt von der intensivmedizinischen Behandlung und der Kardiologie, die ebenso hochwertig waren, wie in Deutschland. Ein bisschen schockiert war sie von der Schlangenbissstation, die jeder Arzt als erstes durchläuft, weil Schlangenbisse in Indien ein so großes Thema sind.

Sie besuchte dort auch ein deutsch-indisches Ehepaar, das nach 25 Jahren Aufenthalt in Deutschland nach Indien gezogen war und sehr interessant und insgesamt positiv über seine Erfahrungen berichtete. Alles in allem hätte Rita sich sehr gut vorstellen können, nach Indien zu gehen. Die letzte Hürde für ihr eigenes Wohlbefinden hatte sie selber abgetragen, indem sie sich Sauerteigansatz besorgt und eine Bezugsquelle für dunkles Mehl gefunden hatte. Schluss mit dem ewigen Reis, endlich auch mal wieder gutes deutsches Vollkornbrot!

Wir hatten uns für alle Fälle ein Grundstück in Bangalore gekauft. Diese Stadt liegt in Karnataka, dem Bundesstaat neben Kerala. Wir hatten uns aus mehreren Gründen für Bangalore entschieden. Es liegt höher als Kerala und ist daher weniger heiß. Diese Stadt, die drittgrößte Indiens, ist außerdem eines der großen Hightechzentren des Landes. Das führt dazu, dass hier sehr viele Einwanderer, also Inder aus allen Regionen leben und die Atmosphäre entsprechend offen und kosmopolitisch ist. Besonders viele Einwanderer kommen aus Kerala, wo die Bevölkerung traditionellerweise sehr gut gebildet ist, wo es aber kaum eigene Industrie gibt. Daher arbeiten viele Bürger Keralas in Bangalore, es gibt sogar spezielle Buslinien dorthin. Ich hätte vor Ort also genug Patienten gefunden, mit denen ich auf Malayalam hätte kommunizieren können. Über den Sohn einer Cousine, der Priester war und die Aufgabe hatte, in Bangalore ein seminary zu errichten, hatten wir die Möglichkeit be-

Auf einem unserer zahlreichen Besuche in Indien, bei denen immer die Frage mitschwang: Wollen wir hier leben und arbeiten?

kommen, das dem seminary gegenüberliegende Grundstück zu erwerben. Wir hatten uns also wirklich intensiv mit dem Standort Indien befasst, hatten alle Voraussetzungen geschaffen und Rita hätte sich gewünscht, dorthin zu gehen.
Der Bremser war ich! Ich befürchtete, dass ein Rückweg nicht so einfach sein würde, insbesondere, weil wir immer noch keine Facharztausbildung hatten. Und was, wenn es Rita oder Christian auf Dauer doch nicht gefiel? Und wollte ich mich wirklich wieder den Normen der indischen Gesellschaft unterwerfen? Ich trug gerne und oft Shorts, wenn wir nach Indien fuhren, obwohl das überhaupt nicht zum Status eines Arztes passte - mein später Sieg der kleinen Rebellion gegen den Hindi-Lehrer, der mir das als Schüler verleidet hatte. Aber wie lange konnte man das durchhalten, wenn man permanent dort lebte? Ich war im Endeffekt derjenige, der den Ausschlag für Deutschland gegeben hat. 2000 haben wir endgültig beschlossen, in Deutschland zu bleiben - zumindest bis Christian erwachsen ist.
Nachdem diese Entscheidung gefallen war, habe ich die deutsche Staatsbürgerschaft beantragt. Den indischen Pass abzugeben war nicht leicht aber ich hatte mich entschieden und habe meine „Geburt“ als Deutscher gefeiert, Sekt zum Chamer Rathaus mitgenommen und angestoßen. Einen Test zur Einbürgerung musste ich nicht machen, entweder gab es den damals

noch nicht oder es wurde bei mir darauf verzichtet, weil ich mittlerweile seit zwanzig Jahren in Deutschland lebte, fast genauso lange, wie in Indien.

Ich hätte nie vorher für möglich gehalten, dass sich die Ausstrahlung verändert, wenn man einen anderen Pass in der Tasche hat. Aber es ist so. Mit einem deutschen Pass in der Tasche herumzulaufen verleiht mir eine andere Autorität, ein anderes Auftreten. Das betrifft sowohl die Wahrnehmung durch andere und wie sie mich behandeln, z.B. an der Grenze, aber auch mein eigenes Gefühl. Seit ich einen deutschen Pass habe, weiß ich, dass mein Untergrund fest ist. Ich bin Deutscher. Punkt. Da kommt doch eine andere Sicherheit dazu. Dieses Papier war für mich enorm viel wert, es war eben doch mehr, als nur ein Stück Papier - eine (neue) Identität, die ich mit Stolz ausfülle.

Da Indien sehr stark auf Geldzufluss von ausgewanderten Landeskindern angewiesen ist, gönnt es Auslandsindern auch den besonderen Status eines OCI, Overseas Citizen of India. Bis auf das Recht, zu wählen, habe ich durch die Annahme der deutschen Staatsbürgerschaft kein einziges Privileg verloren, das einem Inder in seinem Geburtsland zusteht.

Ja, ich bin ein stolzer Deutscher. Ich habe mich in Indien auf den Weg gemacht und bin hier angekommen. Ich bin dankbar für die Möglichkeiten, die ich hier bekommen habe. Danke, liebe Deutsche! Gleichzeitig bin ich sehr froh, dass es vielen Neu-Deutschen gelingt, dem Land etwas zurückzugeben. Mein Schwager, Jolly Mani, zum Beispiel: Er hat in Deutschland zunächst seinen Unterhalt als Krankenpfleger verdient, heute führt er mit seiner Familie ein Unternehmen mit über fünzig Mitarbeitern!

All die Überlegungen, ob wir nach Indien gehen sollten oder nicht, haben uns noch einmal deutlich gemacht, wie unzufrieden wir eigentlich mit der Situation waren, dass wir an der Bayerwald-Klinik keinen Facharzt machen konnten. Wir hatten beide das Gefühl, auf der Stelle zu treten, nicht weiterzukommen. Hinzu kam, dass die Bayerwald-Klinik, die bis dahin im Privatbesitz gewesen war, verkauft wurde. Plötzlich gab es nur noch einen Arzt, der drei Stationen zu betreuen hatte, statt wie zuvor einen Arzt für jede Station. Wir mussten arbeiten, arbeiten, arbeiten. Die Bürokratie nahm zu, die Zeit für Menschen blieb auf der Strecke. Nur noch die Zahlen zählten. Für uns fühlte sich das an wie moderne Sklaverei. So fließbandmäßig und gehetzt hatten wir uns das Arbeiten als Arzt nicht vorgestellt!

Zu Dr. Eienbröker aus Emsdetten, den ich beim AiP kennengelernt hatte, war eine Freundschaft entstanden. Er hatte uns ein paarmal in Cham besucht und als er mitbekam, wie unzufrieden wir waren, bot er uns an, nach Emsdetten zu kommen. Diese Entscheidung fiel uns nicht sehr schwer, denn an der Ausbildung zum Facharzt führte eigentlich kein Weg mehr vorbei. Trotzdem bedauerten wir, aus Windischbergerdorf wegzuziehen, denn wir waren hier wirklich angekommen. Wir hatten viele Freunde gefunden und das hatte sich nach Christians Geburt über den Kontakt zu anderen Eltern noch einmal verstärkt. Wir, also in erster Linie Rita, die noch in Erziehungszeit gewesen war, hatten uns einer Gruppe angeschlossen, die einen Waldkindergarten aufbauen wollte. Daran waren wir sehr interessiert, wir wollten die Liebe zur Natur in unserem Sohn wecken und meinten auch, dass sein Immunsystem durch den vielen Aufenthalt draußen nur stärker werden konnte. Tatsächlich besuchte Christian zwei Jahre diesen neuen Waldkindergarten und wir knüpften ein immer engeres Netz von Freundschaften und Kontakten. Andererseits war der Zeitpunkt zum Umzug kurz vor Christians Einschulung ideal.

Christian als strahlender Kindergarten-Schützenkönig

Dr. med. J. Simon, Facharzt f. Innere Medizin.

Hate the sin and not the sinner.
(Mahatma Ghandi)

Ob man an einer Klinik seinen Facharzt machen kann, hängt davon ab, welche Abteilungen es dort gibt und ob der Chefarzt eine entsprechende Qualifikation hat. Die Ausbildung selber besteht im Grunde genommen ausschließlich aus dem Sammeln von Praxiserfahrungen an mindestens zwei unterschiedlichen Institutionen und einer anschließenden Prüfung. Die Praxiserfahrung sieht je nach Fachbereich unterschiedlich aus, bei Chirurgen sind es natürlich die entsprechenden Operationen, im Bereich Inneres muss man auf bestimmten Stationen arbeiten, die entsprechenden Geräte einsetzen können und Gutachten erstellen.
So sind wir 2000 nach Emsdetten gezogen. Ich wollte einen Facharzt für Inneres machen, Rita für Allgemeinmedizin. Uns beiden wurden aus der Tätigkeit in Cham jeweils drei Jahre für den Bereich Inneres anerkannt. Ich bekam eine Stelle als Assistenzarzt in der Inneren, während Rita Christian zuliebe ihre Facharztausbildung noch ein bisschen aufschob und stattdessen Nachtdienste machte und ihre Doktorarbeit vollendete.
Nach drei Jahren konnte ich zur Facharztprüfung antreten. Ich habe in Deutschland selten Erfahrungen mit offenem Rassismus gemacht. Aber meine Fach-

arztprüfung, die in Münster stattfand, geht mir bis heute nach. Einer der drei Prüfer stellte so extrem abseitige und schräge Fragen, dass ich nicht umhin konnte, mich zu fragen, warum er das tat? Er lächelte mich auch die ganze Zeit so merkwürdig ironisch an. Das war wirklich eine neue Erfahrung für mich, die ich erst gar nicht einordnen konnte. Der zweite Prüfer stellte vollkommen adäquate, praxisbezogene Fragen zum Prüfungsgegenstand, sein Beitrag war ausgesprochen sachlich und fair. Umso stärker war der Kontrast zu seinem Kollegen. Ich habe die Prüfung damals trotz der abseitigen Fragen bestanden, könnte also eigentlich besonders zufrieden sein, dass ich diese abgelegenen Inhalte auch beherrschte. Aber das Gegenteil ist der Fall. Zufrieden, in Frieden oder versöhnt bin ich mit ihr bis heute nicht. Diese offene Unfairness, von der mir erst nach und nach klar wurde, warum gerade ich ihr zum Opfer gefallen war, so neu war diese Erfahrung für mich, war geradezu ein Schlag ins Gesicht.

Das soll nicht heißen, dass mir Rassismus bis dahin in Deutschland nie begegnet war, aber er trat meist indirekt auf, d.h. dem Sprechenden war die Einstellung hinter seiner Aussage gar nicht bewusst.

Ich kann mich nicht erinnern und könnte auch gar nicht zählen, wie oft mir während des Studiums die folgenden Fragen gestellt worden sind, immer diese drei, immer mit den gleichen Reaktionen:

1. Frage: Woher kommen Sie? Antwort: Aus Indien. Reaktion: Ein verhaltenes Aha.
2. Frage: Was machen Sie hier? Antwort: Medizin studieren. Reaktion: Ein anerkennendes Oho, begleitet von einem gewissen Straffen des Körpers, einem sich wandelnden Blick auf mich, nicht mehr „der Ausländer“ sondern „der zukünftige Arzt“.
3. Frage: Aber Sie gehen doch nach Indien zurück? Antwort: Keine. Ich bin sprachlos. Auch bei der xten Wiederholung.

Dabei habe ich keine Probleme damit, auf meine Herkunft angesprochen zu werden, ganz im Gegenteil. Menschen kommen aus unterschiedlichen kulturellen Zusammenhängen und das kann man ja auch benennen. Die Probleme fangen erst an, wenn die eine Herkunft für besser, überragender oder wertvoller gehalten wird, als die andere. Dann wandelt sich ein neutrales Wahrnehmen von Unterschiedlichkeiten zu Rassismus. Ich war mir in Deutschland immer sehr bewusst, dass ich aus einer anderen Kultur komme. Das hat mir aber nie das Gefühl gegeben, unter- oder überlegen zu sein. Die indische Kultur gehört einfach zu mir und hat mir viel Kraft gegeben. Ich glaube, wer seine Herkunftskultur wertschätzt, empfindet die Frage, wo er herkommt, auch nicht als Angriff oder als demütigend. Ich kann mich an eine Szene im Flughafen erinnern. Ich kam von meinem ersten Heimatbesuch in Indien zurück, Mitte der achtziger Jahre, kurz nach Ausbruch des Bürgerkrieges in Sri Lanka, in dem die aufständischen Tamilen ja auch Indien als Rückzugsraum nutzten. Ich wurde von den anderen Passagieren getrennt und untersucht, als ob ich ein Terrorist sei. Man kann das als unfair empfinden, wenn man nur aufgrund seines Aussehens und der Herkunft so streng kontrolliert wird. Aber ich habe das gar nicht auf mich selber bezogen. Ich habe von außen auf die Umstände geschaut: Ja, es gab eine akute Terrorgefahr. Die Aufgabe der Sicherheitskräfte im Flughafen war, Gefahrenpotential auszuschalten und auch ich war sicherer und flog sicher, weil sie diese Aufgabe ernst nahmen. So war die Lage, es traf mich, aber ich war nicht persönlich gemeint. Warum sollte ich das als unfair empfinden?

Ähnlich ging es mir, als mich ein Besoffener in Erlangen am Bahnhof einmal anpöbelte. Der war so besoffen, eine armselige Gestalt, wie sollte ich mich da unterlegen oder gar gedemütigt fühlen?

Da war die Situation, wenn ich mit Christian zum Kinderarzt musste, der in Furth im Wald seine Praxis hatte, schon eine andere. Furth im Wald ist ein Grenzort, Bundesgrenzschutzbeamte kontrollierten nicht nur direkt an der Grenze, sondern auch im Ort. Nahezu jedes Mal, wenn ich mit Christian dorthin fuhr, wurde ich auf dem Markt kontrolliert - so penetrant und nervig, dass ich darüber nachdachte, ein Foto von mir zu vergrößern und in ihrem Büro aufzuhängen mit der Aufschrift: „Ich bin kein Verbrecher - lasst mich in Ruhe!“ Aber es gelang mir, mich auch davon nicht beeinträchtigen zu lassen - das war eben das konservative Bayern.

Obwohl ich mich in Deutschland sehr wohl fühlte, hatte ich immer viele indische Freunde, nicht nur während des Studiums. Sie gaben und geben mir einfach ein Heimatgefühl und das ist wichtig. Natürlich hingen wir auch noch an unserem Heimatland und diskutierten nächtelang darüber, was dort abging. Aus der Entfernung sah man ja auch manches klarer. Ich war hocherfreut, dass ich bei meinem ersten Besuch in Indien nach fünf Jahren in Deutschland feststellen konnte, dass sich einiges in der Gesellschaft bewegte. Die Arbeiter, die für unsere Familie arbeiteten, empfingen mich rührend und freuten sich, mich wiederzusehen. Ich konnte beobachten, dass viele von ihnen eine immer bessere Ausbildung bekamen. Die kommunistisch dominierte Regierung Keralas hatte ein Landverteilungsprogramm beschlossen, dass vielen von ihnen eigenes Land ermöglichte. Gleichzeitig hatten sie eine Quote eingeführt, nach der Angehörige dieser Schicht, das Kastensystem war ja offiziell abgeschafft, Anspruch auf bestimmte Arbeitsplätze im öffentlichen Bereich oder Studienplätze an der Uni hatten, ähnlich wie die Frauenquote in Deutschland. Das schien ein guter Weg zu sein und wir diskutierten das heiß. Aber natürlich war der indische Freundeskreis nur einer von mehreren, ich hatte genauso viele deutsche Freunde und Freunde aus aller Welt. Und oft verwischten sich die Unterschiede auch ganz schnell. Dazu trug bei, dass wir immer deutsch miteinander sprachen. Das war die einzige Sprache, die wir wirklich alle gemeinsam hatten, denn selbst unter den indischen Studenten waren alle möglichen Sprachen vertreten, Malayalam, meine Muttersprache, beherrschten nicht alle. So blieb uns nur Deutsch. Bei Feiern in unserem internationalen Wohnheim war es immer so: Die ausländischen Studenten fingen schon an zu tanzen, während sie in den Raum kamen. Nach einiger Zeit tanzten sie auf dem Stuhl, dann auf dem Tisch. Die Deutschen schauten immer ein bisschen

...die deutschen Studenten brauchten erst zwei, drei Bier, bis sie auch auf dem Tisch tanzten...

ungläubig und verständnislos. Aber nach zwei, drei Bier standen sie plötzlich auch auf dem Tisch. Wenn der Alkoholspiegel steigt, sind alle Menschen gleich. Diese Erfahrung hat mich sehr amüsiert. Und auch die Erkenntnis, dass das Auftreten wichtiger ist als die Herkunft. Überquerte ich eine der innereuropäischen Grenzen, an denen im Rahmen des Schengener Abkommens zunehmend weniger kontrolliert wurde, wurde ich immer angehalten und musste meinen Pass vorzeigen. Aber wenn ich ein weißes Hemd mit Krawatte trug und dazu noch selber fuhr, haben sie mich ohne Kontrolle durchgewunken. Kleider machen eben doch Leute. Das ist so.

Ich kann daher mit Fug und Recht sagen, dass es mich kaum gestört hat, auf Ablehnung zu stoßen. Es berührte mich einfach wenig. Mein Eindruck war, dass man ein kaputtes Selbstwertgefühl haben musste, wenn einen das wirklich treffen sollte. Ich selber wusste doch um meinen Wert, was sollte es mich da kratzen, wenn jemand anders das anders sah?

Aber die höchst unfaire Behandlung bei der Facharztprüfung war dennoch eine Erfahrung, die mir lange nachgegangen ist.

Aufsetzen und Durchstarten

Wir brauchen ein Update für unser Denken.
Wir versuchen, Probleme von heute
mit dem Denken von gestern zu lösen.
In unserer Praxis müssen wir
die Software regelmäßig erneuern
Wir Menschen brauchen das auch!
Manchmal denke ich, ich sehe das klarer,
weil ich diesen Prozess seit meiner Ankunft
in Deutschland regelmäßig durchlaufen habe.

Nachdem ich meine Facharztprüfung abgelegt hatte, haben wir in ganz Deutschland Ausschau nach einer Praxis gehalten. Ich wollte mich gerne als hausärztlich tätiger Internist niederlassen. Damals hatte schon die Ärzteknappheit begonnen, zahlreiche zu übernehmende Praxen wurden im Ärzteblatt angeboten und man konnte sich buchstäblich mit dem Finger auf der Landkarte aussuchen, wo man hinwollte. Das war sehr verlockend und wir haben uns von der Nordsee bis nach Bayern deutschlandweit Praxen angeschaut. Am Anfang war das ja auch sinnvoll, um überhaupt erstmal einen Überblick und Vergleichsmöglichkeiten zu bekommen. Aber natürlich wurde es auch schnell anstrengend und wir beschlossen, unsere Erkundungen auf Westfalen zu begrenzen. Rita wäre gerne an die Nordsee gezogen, aber ihre Eltern lebten in Metelen, der deutsche Teil meiner Familie in Lüdenscheid, ich fand es einfach schade, so weit von ihnen weg zu sein. Hinzu kam, dass man in der dünn besiedelten Region an der Nordsee sehr stark auf das Auto angewiesen war, und Auto fahren tue ich heute noch nicht gerne. Viele unserer Freunde sagten, oh, an der Nordsee oder in Bayern ist es aber doch so schön! **Schön ist, wo ich mich wohlfühle.** Schöner als hier in Beckum, wo wir schließlich gelandet sind, kann es daher gar nicht sein.

Die Praxis in Beckum war ebenfalls im Ärzteblatt ausgeschrieben, allerdings ohne Telefonnummer, nur mit Chiffre. Zufällig sah ich das Inserat jedoch bei einer Fortbildungsveranstaltung zur Ernährungsmedizin in Münster am Schwarzen Brett hängen, diesmal mit Telefonnummer. Ich rief dort an und vereinbarte einen Termin zur Besichtigung. Die Witwe des verstorbenen Praxisinhabers war eine kluge Frau. Sie ermunterte mich, doch einmal im Chefsessel im großen Sprechzimmer Platz zu nehmen. Wenn man so lange im Krankenhaus gearbeitet hatte und höchstens einen kleinen Schreibtisch im Ärztezimmer, das man sich mit vielen teilen musste, sein eigen nannte, war das schon ein tolles Gefühl! Im Chefsessel fühlte ich mich wohl, das kann ich nicht anders sagen. Trotzdem zögerte ich, die Praxis zu übernehmen. Das ist ja auch eine unternehmerische Frage. Man kauft die Praxis vom Vorbesitzer, nimmt dafür einen Kredit bei der Bank auf, das Ganze muss sich also auch rechnen. Dieser finanzielle Druck, die ganze unternehmerische

Seite des Arztberufes war vollkommenes Neuland für mich, das machte mich sehr unsicher. Der Chef des Beckumer Krankenhauses machte mir jedoch Mut. Er kannte die Praxis, auch den verstorbenen Inhaber, der einige Jahre bei ihm gearbeitet hatte, und meinte, dass diese Praxis sich immer gut getragen hätte und auch in Zukunft tragen würde.

Ein gewisses Risiko blieb natürlich trotzdem. Die Praxis stand schon seit einem Jahr leer, es fanden lediglich einige Vertretungssprechstunden statt, die Patienten waren gezwungen gewesen, sich anderweitig zu orientieren und ob die alle zurückkamen, war fraglich.

Tatsächlich war es dann auch so, dass es einige Jahre dauerte, bis die Auslastung komplett wieder da war. Die Patienten müssen einen erst kennenlernen, und in einer mittelgroßen Stadt wie Beckum ist die Mundpropaganda das Wichtigste. Es musste sich also erst rumsprechen, wie „der Neue“ so ist, das dauerte seine Zeit. Natürlich haben wir uns am Anfang manchmal Sorgen gemacht, aber im Nachhinein muss ich sagen, dass es gerade gut so war, dass die erste Zeit ruhiger war. Trotz meiner Facharztausbildung wäre ich bei einer voll ausgelasteten Praxis wohl bald zusammengeklappt. Ich brauchte am Anfang einfach Zeit, mich einarbeiten zu können. Es waren so viele unterschiedliche Krankheitsbilder, mit denen ich konfrontiert wurde. Im Krankenhaus waren die Patienten ja immer schon vorsortiert. Hinzu kamen die ganzen organisa-

Segens- und Glückwünsche von den Pfarrern beider Konfessionen (oben Pastor Suren), unserem Freund Dr. Eienbröker (unten rechts, im Hintergrund der damalige Beckumer Bürgermeister Peter Ebell mit Frau) und vielen Menschen mehr begleiteten uns bei der Praxiseröffnung.

Und die Familie stellte natürlich die wichtigsten Gäste! Auch Joseph kam zum Gratulieren.

torischen Dinge, um die man sich im Krankenhaus nie zu kümmern braucht, man muss die täglichen Abläufe aufeinander abstimmen, sich um die Abrechnungen kümmern usw. Da die Praxis schon so lange leer stand, gab es auch niemanden, der mich hätte einarbeiten können. Ich brauchte allein schon viel Zeit, mich in die Akten einzulesen, wenn ein neuer Patient sich vorstellte. Es ist schon gut und sinnvoll, dass Ärzte eine so lange Ausbildungszeit haben, das muss ich wirklich sagen. Als ich die Praxis übernahm, hatte ich zwölf Jahre Berufserfahrung. Damit kam auch das Zutrauen zu mir selber, dass ich die Menschen, die sich mir anvertrauten, schon richtig behandeln würde. Dieses Zutrauen ist ja ganz entscheidend. Während ich mich also langsam in meine neue Aufgabe als niedergelassener Arzt rein fand, absolvierte Rita die notwendigen Stationen, wurde 2005 zur Facharztprüfung zugelassen und stieg dann mit ein.

Der Arbeitsrhythmus einer deutschen Arztpraxis unterscheidet sich grundlegend von einer indischen. Der Arzt in Indien unterhält sich mit seinen Patienten, Arbeit und Muße fließen eher ineinander, dafür müssen Patienten schon mal mehrere Stunden Wartezeit in Kauf nehmen. Ein Großteil des Arztberufes ist in meinen Augen das Gespräch und das Zuhören. Bis zu einem gewissen Grad ist man auch ein Beichtvater. In Deutschland ist jedoch die Taktung eine andere, das kommt sicher ursprünglich durch die Industrialisierung zustande. Seitdem wird hochkonzentrierte Arbeit in genauer Stundenzahl nachgefragt, so wie ich das am Fließband in der Autoteileproduktion erstmals kennengelernt habe, und so hat sich das auf alle anderen Bereiche auch übertragen. Gleichzeitig macht diese hochkonzentrierte Arbeit den Ausgleich durch Freizeit am Abend auch umso wichtiger. Das ist eigentlich schade, denn für die Arbeit mit Menschen sollten nicht die gleichen Strukturen gelten, wie für die Arbeit mit Maschinen. Leider kann man aus diesem System nicht ausscheren. Ich versuche dennoch oft, meine indische Art in die Arbeit einfließen zu lassen, mir Zeit für das Gespräch zu nehmen, damit ich die Stimmung des anderen wahrnehme und die Rückmeldungen, die Apparate und Maschinen mir geben, durch meine eigenen Eindrücke ergänzen kann.

Ich versuche auch, mir Freiräume dadurch zu schaffen, dass ich für Hausbesuche keine genaue Zeit angebe. Ich frage die Patienten, die um einen Hausbesuch bitten und in der Regel ohnehin immer zu Hause sind, nicht, wann es ihnen passt. Ich frage sie, wann es ihnen nicht passt und lasse ansonsten offen, wann ich komme. Ich möchte mir selber nicht diesen Druck machen, hinter den Terminen her zu hetzen und ich möchte mir eben auch die Zeit zum Gespräch nehmen können. Hausbesuche finden ja meist bei älteren Patienten statt, da ist das Gespräch ganz besonders

Christians Erstkommunion 2004, er hat wenig Lust, für das Foto zu posieren.

wichtig. Und es bereichert mich auch selber. Ich habe z.B. durch die Gespräche mit vielen auf dem Lande groß gewordenen Beckumern, die ein bisschen älter sind als ich, festgestellt, dass meine Kindheit und Jugend gar nicht so besonders außergewöhnlich einengend waren, und dass diese Enge auch gar nicht typisch nur für Indien ist, wie ich das lange Zeit gedacht habe. Wenn ich mich mit älteren Patienten unterhalte, die in Deutschland in den Zwanzigern oder auch noch in den Fünfzigern auf dem Land groß geworden sind, gleichen sich unsere dementsprechenden Erfahrungen in Kindheit und Jugend oft bis in die Kleinigkeiten hinein. Man ging zur Schule, half zu Hause mit und verhielt sich bei allem, was man tat oder sagte den Normen von Gesellschaft, Kirche und ländlicher Bevölkerung entsprechend. Eine Kindheit, die ausgesprochen oder unausgesprochen der ständigen Sozialkontrolle unterlag:

„Was sollen denn die Nachbarn sagen?“ Das hatte ich ja auch schon bei Ritas Mutter kennen gelernt. Meine Patienten haben als Kinder vielleicht Steckrüben aus dem Boden gezogen und nicht Kokosnüsse gepflückt. Aber das Lebensgefühl war - über Kontinente hinweg - das gleiche.
Diese Erkenntnis hat mich fasziniert. Solche Gespräche bereichern mich, verraten mir viel über die Patienten, darauf will ich nicht verzichten. Da kann es abends schon mal später werden, aber das empfinde ich als stressfreier, als mich durch den Tag hetzen zu lassen.
In der Praxis ist es wichtig, jedem Patienten zu vermitteln, dass er einen Wert hat, dass er ernst genommen und dass ihm zugehört wird. Sonst fühlt er sich nicht wohl, und kann auch nicht genesen. In der westlichen Medizin steht symptomorientiertes Vorgehen im Mittelpunkt. Der östliche Ansatz ist ganzheitlicher. Der westliche wirkt schneller, der östliche nachhaltiger. Ich versuche oft, eine Mischung aus beiden Denkschulen in meine Arbeit einfließen zu lassen.

Manchmal muss ich auch an meine erste Zeit in Deutschland denken, wie überfordert ich war und wie es mir geholfen hat, mit bestimmten Schimpfwörtern einfach Druck abzulassen, als wie befreiend ich das empfunden habe. Wenn Patienten vor mir sitzen und klagen, frage ich sie mit Nachdruck: „Das ist doch zum Kotzen, oder?“ Manchmal gucken sie erst schockiert, nicken dann aber geradezu befreit. Ich bedauere wirklich, dass es in Deutschland die Haltung gibt, dass man gewisse Sachen nicht sagen darf. Schimpfworte machen Luft!

Eine interessante Verschiebung habe ich beobachtet. In den ersten Jahren meiner Praxis kamen noch manchmal Menschen, die in meinen Augen kerngesund waren und nur einen „gelben Schein“, also eine Arbeitsunfähigkeitsbescheinigung haben wollten. Das wurde dann ganz schnell immer weniger. Das kann sich heute gar keiner mehr leisten oder zumindest ist die Wahrnehmung der Menschen so. Stattdessen kommen heute äußerlich gesunde Menschen zu mir und sagen: „Ich kann nicht mehr.“ Und das ist dann auch so. Die sind am Ende. Trotzdem möchten sie nicht, dass ich sie krankschreibe. „Man sieht mir ja nichts an, was sollen die Leute denn denken, wenn Sie mich krankschreiben?“ In der letzten Woche war noch einer bei mir, in dessen Betrieb viele Kollegen fehlten, er hatte sich verantwortlich gefühlt, das aufzufangen und hatte einen Hörsturz erlitten, der musste einfach mal für eine gewisse Zeit raus. Aber körperlich war er total fit. Ich habe ihm gesagt: „Wenn Sie möchten, verschreibe ich Ihnen auch noch Krücken dazu, dann können Sie damit nach Hause humpeln und keiner fragt mehr: Wieso bist du denn krank?“ Krankheit wird zunehmend als Schwäche wahrgenommen, die man sich nicht mehr leisten möchte oder meint leisten zu können. Das ist eine sehr bedenkliche Entwicklung.

Mittlerweile ist die Praxis gut eingespielt, wir sind finanziell in ruhigem Fahrwasser, alles läuft, da verändert sich nicht mehr ganz viel. Ich könnte sagen, ich bin angekommen. Auch in anderer Hinsicht habe ich das Gefühl, dass sich ein Kreis geschlossen hat. Ich habe es immer so empfunden, dass mein Geburtsort aufgrund der Menschen, die in der Nähe gewirkt haben, eine besondere Ausstrahlung hatte. Das gleiche gilt für unser Haus in Beckum. Hier, in unserer Küche, ist 1945 die kampflose Übergabe von Beckum an die Amerikaner durch Rudolf Dunker, einen mutigen Major der Wehrmacht beschlossen worden, ein Beschluss, der durchaus den Tod für ihn hätte bedeuten können. Ich bin sehr sehr glücklich, dass mein Leben mich an diesen Ort geführt hat.

Soll es das also gewesen sein? War ich dafür hier, auf der Welt? Soll ich die Praxis so weiterlaufen lassen, bis ich in einigen Jahren in Rente gehe, oder möchte ich noch einmal etwas anderes machen? Wie nutze ich meine Zeit sinnvoll? Sinnvoll in meinen Augen, nicht in den Augen anderer, die von außen drauf schauen. Deren Einschätzung interessiert mich wenig. In Indien gibt es ein Sprichwort: Ob man ein Huhn fängt in der Absicht, es an jemanden zu verschenken, der es weiter aufziehen möchte, oder ob man das Huhn in der Absicht fängt, es zu töten, das Huhn schreit in jedem Fall. Mich interessiert wenig, was die anderen sagen, sondern nur ob ich selber finde, dass ich meine Zeit gut genutzt habe. Wo bin ich mir noch nicht gerecht geworden?

In Indien ist es üblich, dass Ärzte so lange arbeiten, wie sie fit sind. Das würde ich mir für mich auch wünschen. Gleichzeitig würde ich mir allerdings auch wünschen, etwas weniger in der Praxis zu arbeiten. Die neugewonnene Zeit möchte ich nutzen, um Dinge zu tun, die mir neben der (Schul-)Medizin und der Praxis auch wichtig sind. Zum Beispiel möchte ich zu den Wurzeln meiner Vorfahren zurückkehren und mir Wissen über die ayurvedische Heilkunst aneignen und vertiefen. Dazu gehören aber natürlich auch Aktivitäten, die mir einfach Freude bereiten: Theaterspielen, Lesen, Schreiben (vor allem an neuen „Updates“), Musizieren, Reisen, und endlich der Faszination nachgehen, die mich seit meiner Kindheit begleitet, und mit dem Reiten beginnen.

Vor allem aber möchte ich mich engagieren. Zu dem Gefühl, angekommen zu sein, gehört auch, dass ich meine, einen kleinen Beitrag zu einer weiteren positiven Entwicklung Deutschlands und der Welt leisten zu können.

Am wichtigsten ist mir, vor allem die bittere Unfairness, die auf der Welt mit uns, um uns und durch uns passiert, bewusst zu machen und einzudämmen. Ich würde gerne mit gleichgesinnten Menschen darüber ins Gespräch kommen. Ein Gespräch auf der Ebene „du". Wenn man sich siezt, spricht man immer mit angezogener Handbremse. Es sind viele Gedanken und Erkenntnisse, die mich umtreiben, manche

Meine Mutter, die starke Frau: 2016 wird sie bei Filmaufnahmen für einen Liebesfilm in Kuninji „entdeckt" und vom Fleck weg für die Rolle der Mutter des Hauptdarstellers verpflichtet. Diese Aufnahme mit den wichtigsten Darstellern des Filmes zeigt, mit wie viel Spaß sie der Aufgabe nachkommt.

schon ganz klar, manche noch im Entstehen. Oft denke ich, was ich mit meinem Blickwinkel in und von Deutschland und Europa wahrnehme, kann eine Bereicherung sein und die hier Geborenen stärken.
Ich bin wirklich stolz, ein Deutscher zu sein. Ich kenne die deutsche Geschichte, aber ich sehe auch, was die Deutschen geleistet haben. Es tut mir in der Seele weh, wenn alle Deutschen nur auf das reduziert werden, was in der Nazizeit passiert ist. Es wird nie durch irgendetwas zu rechtfertigen sein, aber man muss doch auch anerkennen, dass Deutschland wirklich versucht, aus der Geschichte zu lernen. Und niemand weiß, wie er sich verhalten hätte, wenn er in der entsprechenden Zeit am falschen Ort, also hier, gelebt hätte.

Wegen meiner Verbundenheit zu diesem Land möchte ich gerne über das reden, was ich als schwierig empfinde. Zum Beispiel: Meine Meinung kann sich ändern, wenn sich mein Wissen ändert. Trotzdem agiere ich auf der Grundlage meines jetzigen wandelbaren Wissens. Das wollen viele Deutsche nicht. Ihr Standardsatz: Jaaa, aber... Das kann ich nicht mehr hören.
Viele Deutsche wollen perfekt sein, erst die perfekte, umfassende und unumstößliche Antwort haben, bevor sie handeln. Dadurch werden sie handlungsunfähig, denn die perfekte Antwort gibt es oft einfach nicht. Oder sie verharren auf dem Prinzip.

Grundhaltungen sind wichtig, aber starre Prinzipien sind falsch. Das macht die Gesellschaft nicht nur kalt, sondern auf Dauer auch dumm. Man erstarrt im Denken.

Das Beste, was Deutschland je passiert ist, ist Europa. Es gibt Tausende von Gründen, warum die Europäer nicht zusammenpassen. Aber es gibt auch zwei alles andere aufwiegende Gründe dafür, warum sie zusammen gehören und zusammenhalten sollten: Der erste ist das kulturelle Gewicht dieser Region, das ohne Einheit verloren geht. Zentrale europäische Werte wie „Freiheit, Gleichheit, Brüderlichkeit“ werden dadurch geschwächt.

Der europäische Raum verliert aber auch durch die Ungerechtigkeit in eigenen Reihen an Gewicht. Unfairness ist eine Autoimmunerkrankung. Dann richten sich die körpereigenen Zellen gegen den eigenen Körper. Wenn wir in der Gesellschaft keine Gerechtigkeit haben, macht das auf Dauer den ganzen Körper krank und ruiniert mittelfristig unsere Sicherheit und unseren Wohlstand.

Der zweite Grund ist natürlich, dass die Zeit der europäischen Union dem längsten friedlichen Zeitraum dieser Region entspricht. Das darf man doch nicht aufs Spiel setzen! Natürlich hat Europa ein Problem. Die EU ist ein Zusammenschluss von lauter ehemaligen Kolonialmächten und die sollen sich jetzt untereinander einigen? Europa befindet sich in seiner

Pubertätsphase, geprägt von postkolonialistischen Nachwehen. Das ist natürlich schwierig. Europa braucht eine Psychotherapie, eine Art Familienaufstellung. Jedes dieser Länder hat Leichen im Keller und darüber muss man sprechen, das muss rauskommen, sonst kann man nicht zusammen leben. Wichtig ist, miteinander über die Fehler der Vergangenheit zu sprechen und den Mut zum Verzeihen zu haben. Dafür muss man Menschen in Kontakt bringen, vor allem junge Menschen. Das ist meine Vision. Ich würde gerne Menschen finden, die ähnlich denken und ein Netzwerk knüpfen. Das ist auch etwas, was ich den Deutschen und Europa zurückgeben möchte.

Das sind alles große Pläne, die wichtig sind. Wichtig ist aber auch, vor Ort ganz konkret mit kleinen Schritten anzufangen. In Beckum wird z.B. einmal im Jahr aufgerufen, sich zu engagieren und all den Müll, der sich im Stadtgebiet angesammelt hat, wegzuräumen. Da liegt so viel Abfall! Beim letzten Mal war ich gemeinsam mit einem syrischen Nachbarn unterwegs und wir haben abgemacht, wir treffen uns jetzt häufiger und räumen auf. Denn sobald irgendwo Müll liegt, sinkt die Hemmschwelle, schmeißen die Menschen etwas dazu. Das wollen wir gerne ändern. Das sind nur kleine Schritte, aber man kann sie gehen.

Erstmal die Umgebung ändern, nicht gleich die ganze Welt. Die kommt dann im zweiten Schritt…

Anstelle eines Schlusswortes - Anstöße zum Weiterdenken

Verzeihen ist die reinste Form des gesunden Egoimus.

Alles wissen kann ich nicht, aber alles hinterfragen und mein eigenes Urteil bilden. Das ist die Basis für Fortschritt.

In einem gesunden Abstand liegt die richtige Nähe.

Wahrheit und Transparenz sind oft nicht besonders spannend. Deswegen meiden sie so viele. Dabei haben die beiden so viel Potential...

Ich frage nicht, wer Recht hat, sondern wer sich für Recht einsetzt.

Wir sterben jeden Tag ein bisschen. Warum haben wir eigentlich so große Angst vor dem Tod?

Wir haben nicht immer Schuld, aber immer die Verantwortung.

Weitere Lebensgeschichten aus dem

*biografie*VERLAG
ruth damwerth

Gundi Busch
Mein eiskaltes Leben

Hardcover, 184 Seiten, über hundert sw Fotos und originale Zeitungsartikel, 19,90 Euro.
ISBN: 978-3-937772-13-4

Gundi Busch wurde 1954 die erste deutsche Eiskunstlaufweltmeisterin und damit nicht nur ein nationales Idol, sondern auch ein international gefeierter Star. Im grauen Nachkriegsdeutschland bekamen die Erfolge der „gudomliga Gundi", der vergötterten Gundi, wie die schwedische Presse sie nannte, märchenhafte Dimensionen. „Gundi Busch wird zur Zeit mehr fotografiert, als irgendeine Filmschauspielerin. Wer könnte ihr auch widerstehen?", fragten die Zeitungen. Noch heute, über fünfzig Jahre später, ist ihr Name den meisten Deutschen ein Begriff. Aber Gundi war nicht nur die Eiskönigin, der Publikumsliebling, der blonde Star auf Kufen, sie war auch ein achtzehnjähriges Mädchen - und: Sie hasste Schlittschuhe.

„Ich war viereinhalb, als mein Vater mich eines Sonntagsnachmittags das erste Mal in die Eishalle mitnahm. Ich sehe noch die Poren im Holz der Bande vor mir, an der ich mich ängstlich festhielt und die direkt auf Augenhöhe lag..."

„Wo gehst Du, Mariechen?“

Taschenbuch, 148 Seiten.
14,90 Euro. ISBN: 978-3-937772-32-5

Im Alter von 105 Jahren blickt Marie Olschewski auf ihr Leben zurück. 1897 geboren, umspannt ihre Lebensgeschichte das gesamte 20. Jahrhundert, ein Jahrhundert, das sie mit zwei Kriegen, drei Fluchten und dem Verlust ihrer Heimat vor besondere Aufgaben gestellt hat. Genauso bewegend ist jedoch, wie die Bäuerin und neunfache Mutter den Alltag meistert. Marie Olschewski lässt in ihrer lebhaften, detailreichen Erzählung und mit ihrer zärtlichen Sprache eine untergegangene Welt wieder aufleben - Masuren.

Arnold Munter. Ein biografisches Geschichtsbuch

Taschenbuch, 268 Seiten.
18,90 Euro. ISBN: 978-3-937772-01-1

Es gibt Biografien, gegen die ist jedes Geschichtsbuch langweilig. Arnold Munters Lebensgeschichte gehört dazu. 1912 im Berlin der Kaiserzeit geboren, erlebt er nahezu alle Ereignisse, die das „deutsche“ Jahrhundert geprägt haben, hautnah mit. Dabei ist er nie nur Beobachter. Jedes der politischen Systeme, die er in seinem Leben kennen lernt, versucht er mitzugestalten - oder zu bekämpfen. Dadurch erlebt er jede Epoche ganz bewusst. Sein ungewöhnliches Erinnerungsvermögen und seine lebendigen Schilderungen machen ihn neben seinem für die deutsche Geschichte geradezu exemplarischen Leben zu einem faszinierenden Zeitzeugen.

Inge Krausbeck
Ausreisezeit.
Abschied von der DDR.

Taschenbuch, 170 Seiten.
14,90 Euro. ISBN: 978-3-937772-15-8

„Ich komme nicht zurück in die DDR!" Fassungslos vernimmt Inge Krausbeck im Februar 1988 am Telefon den vollkommen unerwarteten Entschluss ihres Mannes, von einem Verwandtenbesuch in Westdeutschland nicht nach Hause zu kommen - und weiß zunächst keine Antwort auf seine Frage: „Kommt Ihr nach?" Inge Krausbeck lebt gerne in der DDR. Als sie schließlich einen Ausreiseantrag für sich und die beiden Söhne stellt, geht es ihr in erster Linie darum, die Familie wieder zusammen zu bringen. Drei abgelehnte Ausreiseanträge, zwanzig Monate und zahllose Schikanen später sieht die Ärztin ihr Heimatland in einem ganz anderen Licht und nur noch einen Ausweg: die westdeutsche Botschaft in Prag. Es ist der Sommer 89...
Inge Krausbecks Erinnerungen, Auszüge aus ihrer Stasiakte und aus Briefen aller Familienmitglieder machen einen spannungsgeladenen „Abschied von der DDR" lebendig.